熱中症を防ごう

熱中症予防対策の基本

堀江　正知　著

中央労働災害防止協会

はじめに（第5版）

　近年、地球規模の気候変動に加えて、車やエアコンの人工排熱、コンクリート構造物やアスファルトによる蓄熱、高層ビルによる海風の遮断といった要因が重なり、「働く現場」には気象観測値を大幅に超える暑熱な環境が存在し、熱中症のリスクは上昇しています。

　熱中症は、特有の症状が乏しく、早期発見は困難で、予防と応急処置が重要です。厚生労働省は、熱中症予防のための通達（令和3年4月20日付け基発0420第3号、令和3年7月26日一部改正）を示し、現場でWBGT（Wet Bulb Globe Temperature：湿球黒球温度）を測定して、WBGTの低減、作業の適正化、休憩場所の整備、水分摂取の促進、労働者の健康状態の確認等を行うよう指導しました。暑熱な職場には熱中症予防管理者を選任して、現場を巡視させる等の対策を強化するよう示しています。

　第5版では、これらの通達内容および最新の研究成果に基づいて、産業医、産業看護職、衛生管理者にとって有用な知見や現場で実施可能な具体策を紹介するとともに、統計データは最新のものに更新しました。また、高年齢労働者が増える中で、熱中症が、暑熱な環境とともに、身体的な負荷、不十分な休憩、防護服・マスクの装着、個人要因といった複数の要因が複雑に関係して発生する機序について、図表を用いてより分かりやすく解説しました。

　熱中症は、きちんと対策を講じることで、確実に予防できる疾病です。熱中症の予防に関する最新の知見によって熱中症による災害が撲滅されることを祈念します。

　令和5年1月

堀江　正知

も く じ

第1章
熱中症とは

1 熱中症の語意

　「熱中症」とは、蒸し暑さにさらされることによって、①体内の水分や塩分（ナトリウム）のバランスが崩れることによる健康障害（脱水）、および②体温調節ができなくなって、うつ熱が生じることによる健康障害（高体温）の両者をまとめて呼ぶ言葉です。ただし、熱の作用や体温の異常による病気のうち、日焼けや火傷（熱傷）、感染症などの炎症による発熱、麻酔薬による悪性高体温症は、熱中症とは呼ばれません。

　さて、「熱中症」の「中」という言葉はもともと「当たる」という意味の漢字ですから、「熱中症」とは熱に当たって起こったと思われる症状という意味になります。当たるということは、「脳卒中」のように突然襲われることを連想しますから、「熱中症」とは、突然に意識消失を生じるような状態を呼ぶのが適切かもしれません。しかし、蒸し暑さによって起こる一連の症状には、軽い立ちくらみ（失神）、脱水によるだるさ（倦怠感）、脳の障害による異常言動などもありますので、これらを含めて「熱中症」と呼ぶのが通例となっています。

　なお、英語で「熱中症」に相当する言葉としては、一般に heat disorder や heat-related illness が使用され、アメリカ合衆国国立医学図書館の分類語では heat stress disorder が使用されています。

◆古くからあった「熱中症」◆

　熱中症という病気は、明治期以前から認識されていて、「中暑」、「霍乱（かくらん）」、「暑さあたり」、「あかまり」などと呼んでいたようですが、これらの呼称は現在では、ほとんど使われていません。

　例えば、『世俗日用摂生之早道』（棗（なつめ）才兵衛、1882年）には、「中暑とは洋名（インソラシオ）日射病と言いて、則ち、霍乱なり。暑熱に中られ不良の食物を喫し、気候暑熱之変換にて、心下（ムネ）及び腹部四肢疼痛を発し、劇甚なるは声音力を損し、煩渇引飲し、顔色青ざめ、手先冷え、脈拍細数に変するあり」と記載されています。

　一方、『衛生新篇』（森林太郎、小池正直共著、1897年）には、「気温ノ直接作用ニ起因スル疾病ハ日射病及熱中症是ナリ。日射病（Insoration、Sonnenstich）ハ古ハ支那人之ヲ暍ト謂ヒキ日光頭上ニ直射シテ脳膜ノ充血ヲ起スニ因ル。熱中症（Hitzeschlag）ハ体温ノ発生盛ナルトキ放熱ヲ制セラルルニ因ル。故ニ温熱ノ日ノ労働殊ニ行軍ニ於イテ之ヲ目撃ス。故ニ夏日ノ行軍ニハ軍医先ヅ其気温及気湿ヲ測定シ危シト認ムルトキハ行軍ヲ中止スルカ又ハ隊ヲ解キ随意歩行セシム可シ。」と記載され、「熱中症」という言葉が使用されています。

※森林太郎とは、軍医総監も務めた明治の文豪、森鴎外のことです。

2　熱中症の分類

(1)　病態による分類

　熱中症は、発生するメカニズムによって、「熱けいれん」、「熱失神」、「熱疲労」、「熱射病」に分けられます。

　「熱けいれん」（heat cramp）とは、全身のけいれんではなくて、ナトリウムの不足が原因となって、使っている筋肉がつったり、こむら返りを起こしたりすることです。

　「熱失神」（heat syncope）とは、血圧低下や脱水により脳の血流が

低下して、一過性に意識を失うことです。

　「熱疲労」（heat exhaustion）とは、慢性的な脱水により筋力や消化機能等が低下することです。

　「熱射病」（heat stroke）とは、体温が上昇して、脳の体温中枢が障害されて、体温が40℃を超えているのに汗が出なくなり、意識障害も生じて死亡するおそれのある病態のことです。

　ところで、これらの病名は発生するメカニズムから考えられた理論的なもので実際の症例の分類には適していないという指摘があります。「日射病」という言葉も使われますが、屋内や日陰では起こらないような誤解を与えかねません。そこで、特別な場合を除いて病名としては「熱中症」を使うことが勧められています。

　ただし、熱中症を予防するには、発生するメカニズムを理解しておくことが重要です。詳しくは第4章で改めて説明します。

（2）　重症度による分類

　熱中症は、発生した後は、重症度により分類して、「Ⅰ度」「Ⅱ度」「Ⅲ度」と呼びます。この分類は救急医療の現場で使われています。

　「Ⅰ度」とは、自力で水分や塩分の摂取ができる状態で、短時間で回復する軽い熱けいれんや熱失神などのことです。Ⅰ度と判断した場合は、ペットボトルなどを自分で開栓して、こぼさずに飲み、吐き出したりしないことまでを確認し、症状がなくなるまでつき添うことが重要です。

　「Ⅱ度」とは、点滴する必要のある状態で、入院する必要のある熱疲労などのことです。Ⅰ度と判断できないときは、Ⅱ度以上と考える必要があります。

　「Ⅲ度」とは、深部体温が39℃以上（腋の下で38℃以上）の高熱とともに、意識障害などの脳の障害、肝臓や腎臓などの臓器障害、DIC（Disseminated Intravascular Coagulation）と呼ばれる血液凝固障

害のいずれかがあり、入院して集中治療の必要のある熱射病などのことです。Ⅱ度かⅢ度かの判断は医療機関で行います。

　一般に、意識がはっきりしていて、自力で水分や塩分が摂取できて、軽快する傾向がみられるのであれば「Ⅰ度」と考えられますが、そうでなければ医療機関に搬送する必要があります。

3　職場における熱中症の歴史

（1）　坑内や炉前などで多発した 19 世紀〜 20 世紀前半

　熱中症は、19 世紀から 20 世紀前半ごろまでは、鉱山、紡績、金属精錬、船内作業などの職場において多発していました。これらの職場は、非常に高温であったり、蒸気が発生して湿度が高かったり、身体負荷が高い作業であったり、作業者が密集していたことに加えて、労働者が十分な食事や水分を摂らずに仕事をしていたことから、熱中症が発生するのはいわば当たり前といった危険な職場でした。

　かつての製鉄所における炉前の作業や加熱された鋼板等を加工する作業などは高熱重筋作業と呼ばれていて、1952 年の日本産業衛生協会（現 日本産業衛生学会）高熱労働研究会の記録には、「汗が大量に出るので、シャツを乾かしておくとシャツが塩で固くなって、肘のところで生地が折れてしまった」、「熱中症で倒れると、むしろをかけて寝かしておく、そして頭に水をぶっかけたりする」などという労働者の聞き取りが記載されています[1]。

（2）　空調の導入や機械化により減少した 1960 年ごろ

　労働者の栄養状態が徐々に向上するとともに、機械化が進み、現場には大型の送風機が設置され、運転室などには空調が導入されました。その結果、1966 年の鉄鋼業 26 事業所における業務上疾病数の集計によれば、最も多かったのは一酸化炭素中毒の 48 件で、熱中症はわずか 4 件と報告されています[2]。また、高炉における 8 時間の作業中の発汗量を測定した研究によれば、1954 年に 7.6L、1965 年に 4.4L、1976 年に 3.0L と著しく減少したことが報告されています[3]。1970 年代以降、一般家庭、公共施設、交通機関などにおいても空調が普及し、熱中症はさらに減少したと考えられるようになりました。

（3）　建設業などでの発生が注目された 1990 年以降

　1990 年代になると、実際には、建設業を中心にまだ多くの熱中症が発生していることが再び注目されるようになりました。そして、全国的に熱波が襲った 1994 年には、労働災害としての熱中症による死亡者数が 20 人に達しました。一般社会においても、高齢者の熱中症による救急搬送件数の増加、クラブ活動やスポーツ競技における選手の熱中症、車内に置き去りにされた乳児の熱中症などに社会的な関心が一気に高まりました。これらを受けて、スポーツ飲料や熱中症予防のための商品などの開発も盛んになりました。

　さらに、医療機関でも改めて熱中症の存在が広く認知されるようになり、それまで脱水症や腎不全などと診断されていた症例について、発症前の作業環境や作業内容の問診が徹底されて、熱中症という診断がされるようになりました。

　近年は、地球環境と異常気象の関連性が注目されていて、地球の温暖化（グローバルウォーミング）がわが国の夏季の異常な暑さに影響している可能性があります。これに加えて自動車や空調設備からの人工排熱、道路の舗装や建築物のコンクリートやアスファルトの蓄熱、

大気汚染による温室効果、沿岸地域の高層ビルによる海風の遮断といった要因による都市の温暖化、夜間も気温が下がらないヒートアイランド現象も進み、一般市民にも熱中症を発症するリスクが高まっています。

　加えて、最近の職場では、経営の効率化のために作業に余裕がなくなっていること、従来よりも時間管理が厳格になったことで現場の判断で休憩を取りにくくなっていること、不安定な雇用形態で働く労働者は自覚症状の訴えが遅れ無理をしがちなこと、高年齢労働者の増加などは、熱中症が発症しやすくなる社会環境の要因になっています。

1)　三浦豊彦：各種産業に於ける高熱作業環境の現状、労働科学 28(3)：143-149、1952
2)　日本鉄鋼連盟安全衛生委員会：日本鉄鋼連盟傘下事業場における昭和41年疾病統計、鉄鋼労働衛生 16(3)：133、1967
3)　小川捨雄、今村秀雄、林栄一：高炉炉前、コークス炉からみた高熱作業の推移、鉄鋼労働衛生 26(1)：10-15、1977

第2章
熱中症の統計

1 性・年代別の熱中症発生件数

(1) 熱中症発生件数の調査

　熱中症の発生数を正確に把握することは困難です。熱中症が軽症ならば医療機関を受診しませんし、重症でも脱水症や腎不全など他の病名が付けられることもあります。反対に、本来は心筋梗塞や脳卒中など別の病気による意識消失であっても、暑熱な環境で生じると熱中症を疑ってしまうこともあります。独り暮らしの高齢者が別の病気で意識を失った際に、その場の気温や風呂の水温が高ければ身体が温められて熱中症と診断される可能性もあります。

　熱中症による死亡者数は、医師による死亡診断書に基づき人口動態統計で国際疾病分類第10版（ICD-10）で症状としてはT67「熱及び光線の作用」、原因としてはX30「自然の過度の高温へのばく露」に分類されています。救急搬送された熱中症の患者数は、全国の消防署による報告数に基づき総務省消防庁や国立環境研究所が集計して公表しています（https://www.fdma.go.jp/disaster/heatstroke/post3.html、https://www.nies.go.jp/health/HeatStroke/index.html）。労働災害として認定された熱中症の患者数は、厚生労働省労働基準局が認定事例を公表しています。また、日本救急医学会は、全国の救命救急センター等で熱中症と診断された症例の集計結果を隔年で公表しています（https://www.jaam.jp/nettyu/nettyusyou.html）。

(2)　性・年代別の死亡者数

　人口動態統計によれば、熱中症による死亡者数は 10 ～ 70 歳代では男性に多くなっています（**図 2-1**）。これは、少年時代のスポーツと就業年代の仕事で身体活動の負荷が高いことが原因と考えられます。加えて男性のほうが、症状を訴えずに我慢して活動を続けて重症化しやすいことも影響している可能性があります。また、75 歳を超えると死亡率が急激に上昇します（**図 2-2**）。高齢者の死亡率をみても男性の方が高く、就業年代は、男性が女性の 3 倍以上です。

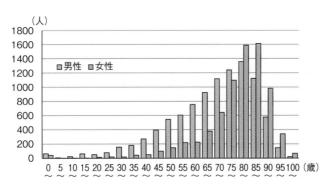

図 2-1　熱中症による死亡者の累積数、性・年代別（1995 ～ 2021 年）

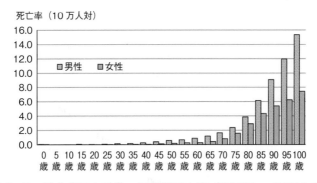

図 2-2　熱中症による性・年代別死亡率（2005 ～ 2021 年）

13

(3)　性・年代別の救急搬送患者数

　救急搬送患者数も、例年、10 〜 70 歳代では男性のほうが女性より
も多く、高齢者には中等症以上が多い傾向があります（**図 2-3**）。救
命救急センター等における診断結果も高齢者で III 度が多い傾向です
（**図 2-4**）。発生場所は、高校生以下で運動中、就業年代は仕事場、
高齢者は住宅が最多です（**図 2-5**）。発生時の状況は、10 歳代はス
ポーツ、20 〜 50 歳代は仕事、60 歳以上は日常生活での発生が最多で
す（**図 2-6**）。このうち、スポーツの種目は、野球、サッカー、陸上
など屋外の競技だけでなく、バスケットや剣道といった屋内の競技で
も発生していて、陸上では重症例が多くなっています（**図 2-7**）。ま
た、要介護で独り暮らしの高齢者がエアコンを使用していなかった事
例が多く認められています。脳に後遺症（高次脳機能障害、小脳障
害、嚥下障害等）を生じた事例には、農業、林業、土木作業で飲水を
していなかった事例が多く認められています。

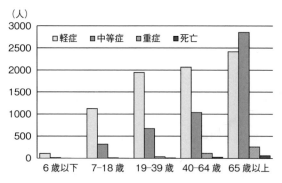

図 2-3　救急搬送された熱中症患者数、重症度・年代別

(2010 年、総務省消防庁)

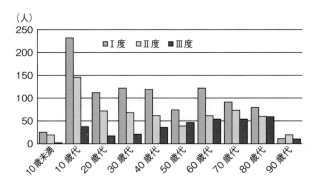

図2-4　救急医療機関の熱中症患者数、重症度・年代別

（2012 年、日本救急医学会）

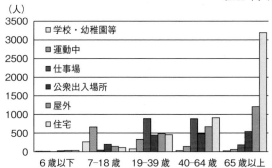

図2-5　救急搬送された熱中症患者数、発生場所・年代別

（2010 年、総務省消防庁）

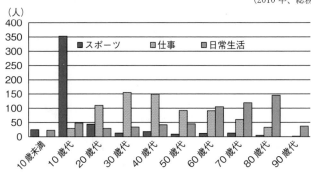

図2-6　救急搬送された熱中症患者数、発生状況・年代別

（2012 年、日本救急医学会）

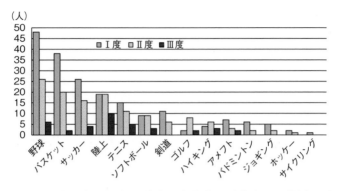

図2-7　救急搬送された熱中症患者数、重症度・運動種目別

（2012年、日本救急医学会）

2　気象条件と熱中症の発生件数

（1）　死亡者数の推移

　熱波と言われた1994年に熱中症による死亡者が急増したことから、医療関係者を含めて社会において熱中症が広く認知されるようになり、1995年からはICD-10による分類も始まり、毎年の人口動態統計で死亡者数が比較的正確に分かるようになりました。1995年から2021年までの熱中症による死亡者数は17,320人（男性9,726人、女性7,594人）に上り、近年は高止まりの状態です（**図2-8**）。そして、夏が暑かった年には熱中症が増加する傾向があり、梅雨明けから猛暑日が続いた2010年には1,731人に達しています。

（2）　最高気温と最低気温の最高値

　日本の気象官署で観測された史上最高気温は、1933年の40.8℃という記録が長く維持されていましたが、2013年に41.0℃、2018年に41.1℃と近年になり次々と更新されました（**表2-1**）。「夏日」、「真夏日」、「猛暑日」とは最高気温がそれぞれ25℃以上、30℃以上、

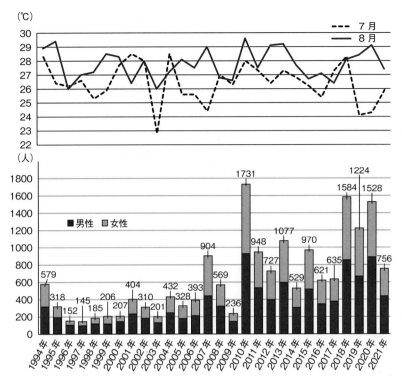

図 2-8　熱中症による死亡者数と東京の夏季平均気温の推移

(1994 ～ 2021 年)

表 2-1　日本の最高気温上位地点

順位	都道府県	観測地点	最高気温(℃)	観測日
1	静岡県	浜松	41.1	2020 年 08 月 17 日
〃	埼玉県	熊谷	41.1	2018 年 07 月 23 日
2	岐阜県	美濃	41.0	2018 年 08 月 08 日
〃	岐阜県	金山	41.0	2018 年 08 月 06 日
〃	高知県	江川崎	41.0	2013 年 08 月 12 日
5	静岡県	天竜	40.9	2020 年 08 月 16 日
〃	岐阜県	多治見	40.9	2007 年 08 月 16 日
6	新潟県	中条	40.8	2018 年 08 月 23 日
〃	東京都	青梅	40.8	2018 年 07 月 23 日
〃	山形県	山形	40.8	1933 年 07 月 25 日
9	山梨県	甲府	40.7	2013 年 08 月 10 日
10	新潟県	寺泊	40.6	2019 年 08 月 15 日
〃	和歌山県	かつらぎ	40.6	1994 年 08 月 08 日

表 2-2　日本の最低気温上位地点

順位	都道府県	観測地点	最低気温(℃)	観測日
1	新潟県	糸魚川	31.3	2019 年 08 月 15 日
2	新潟県	相川	30.8	2019 年 08 月 15 日
3	福岡県	福岡	30.5	2018 年 08 月 22 日
4	東京都	東京	30.4	2013 年 08 月 11 日
5	新潟県	高田	30.3	2019 年 08 月 15 日
〃	石川県	小松	30.3	2000 年 07 月 31 日
7	新潟県	三条	30.2	2019 年 08 月 15 日
〃	富山県	上市	30.2	1997 年 08 月 09 日
9	富山県	富山	30.1	2000 年 07 月 31 日
10	沖縄県	北原	30.0	2022 年 08 月 26 日
〃	長崎県	口之津	30.0	2017 年 08 月 05 日
〃	福井県	越廼	30.0	2000 年 07 月 31 日

表 2-3　主要都市の最高気温と最低気温の最高値

都道府県	都市	最高気温(℃)	観測日	最低気温(℃)	観測日
北海道	札幌市	36.2	1994 年 08 月 07 日	27.4	2019 年 07 月 30 日
青森県	青森市	36.7	1994 年 08 月 12 日	27.7	2013 年 08 月 18 日
宮城県	仙台市	37.3	2018 年 08 月 01 日	27.4	2001 年 07 月 24 日
新潟県	新潟市	39.9	2018 年 08 月 23 日	28.9	1990 年 08 月 22 日
埼玉県	さいたま市	39.3	2018 年 07 月 23 日	28.2	2019 年 08 月 16 日
千葉県	千葉市	38.5	2015 年 08 月 07 日	29.1	1994 年 08 月 04 日
東京都	千代田区	39.5	2004 年 07 月 20 日	30.4	2013 年 08 月 11 日
神奈川県	横浜市	37.4	2016 年 08 月 09 日	28.4	2013 年 08 月 11 日
静岡県	静岡市	38.7	1995 年 08 月 28 日	28.3	2018 年 08 月 10 日
静岡県	浜松市	41.1	2020 年 08 月 17 日	29.0	2020 年 08 月 16 日
石川県	金沢市	38.5	2022 年 09 月 06 日	29.7	2019 年 08 月 15 日
長野県	長野市	38.7	1994 年 08 月 16 日	27.6	2019 年 08 月 15 日
愛知県	名古屋市	40.3	2018 年 08 月 03 日	28.8	2018 年 08 月 06 日
京都府	京都市	39.8	2018 年 07 月 19 日	29.2	2020 年 08 月 11 日
大阪府	大阪市	39.1	1994 年 08 月 08 日	29.7	2020 年 08 月 11 日
兵庫県	神戸市	38.8	1994 年 08 月 08 日	29.4	2019 年 08 月 13 日
島根県	松江市	38.5	1994 年 08 月 01 日	29.1	2000 年 09 月 01 日
岡山県	岡山市	39.3	1994 年 08 月 07 日	28.5	2010 年 08 月 20 日
広島県	広島市	38.7	1994 年 07 月 17 日	29.5	2006 年 08 月 17 日
愛媛県	松山市	37.4	2018 年 08 月 07 日	29.0	2015 年 07 月 13 日
高知県	高知市	38.4	1965 年 08 月 22 日	28.1	2013 年 08 月 02 日
福岡県	福岡市	38.3	2018 年 07 月 20 日	30.5	2018 年 08 月 22 日
熊本県	熊本市	38.8	1994 年 07 月 17 日	28.8	2017 年 08 月 05 日
鹿児島県	鹿児島市	37.4	2016 年 08 月 22 日	29.3	1995 年 08 月 23 日
沖縄県	那覇市	35.6	2001 年 08 月 09 日	29.7	2017 年 08 月 04 日

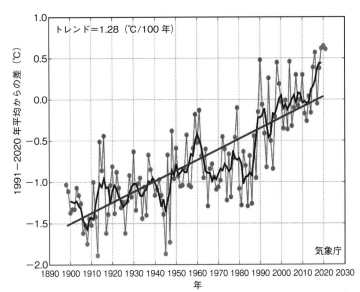

細線（黒）：各年の平均気温の基準値からの偏差、太線（黒）：偏差の5年移動平均値、直線（赤）：長期変化傾向。
基準値は1991～2020年の30年平均値。

図2-9　日本における年平均気温の推移

（気象庁ホームページ）

35℃以上の日のことですが、日本の都市部は、アスファルト路面、ビルに囲まれた風の弱い空間、人工排熱などによって7～8月には体温を超える温熱条件に達しています。また、熱中症は夜間の最低気温が25℃を下回らない熱帯夜に多く発生することも分かっています。最低気温の上位記録はほとんど2010年以降のものです（**表2-2**）。すべての主要都市は、毎年、猛暑日と熱帯夜を経験していて、最高気温と最低気温の最高値の多くは2010年以降に記録されています（**表2-3**）。日本では年平均気温が100年で1.28℃上昇していることから、今後も異常高温による熱中症の増加を防ぐ対策が必要です（**図2-9**）。

（3）　暑さと救急搬送患者数

　日本の夏は、太平洋高気圧から吹く南風の湿気が高く、蒸し暑いことが特徴です。そして、東北以南では、7月下旬の梅雨明けから急に暑くなることが特徴です。その時期に熱中症による救急搬送患者が急増します（**図2-10**）。その発生率はおおむね10万人当たり50〜100人程度で、夏季の平均気温が高い年には熱中症がさらに多く発生する傾向があります。

　体感温度には、気温の高さだけでなく、湿度の高さ、日射などの赤外線による輻射熱の大きさ、風の強さが関係します。同じ気温でも相対湿度が高い日には熱中症が多発することが分かっています（**図2-11**）。これら4つの指標を総合したWBGT（Wet Bulb Globe Temperature：暑さ指数）をみれば、熱中症を起しやすい気象条件かどうかが一層はっきりします。この値が28℃を超えると急に熱中症が多発することが知られています（**図2-12**）。また、夏のはじめ（5〜7月）は、夏の盛りや終わり（8〜9月）と比べて、より低いWBGT値で救急搬送者数が増加します（**図2-13**）。

　熱中症による死亡者数が過去最多を記録した2010年は梅雨明けか

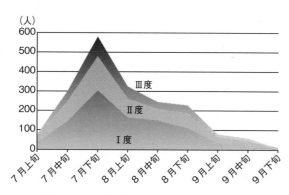

図2-10　日本における夏季の熱中症による救急搬送患者数の推移

（資料：Heat Stroke Study 2012）

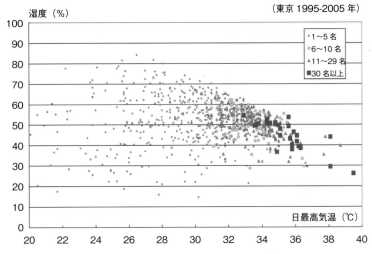

図2-11 熱中症による救急搬送患者数と日別最高気温・湿度

（東京都、2007年：登内道彦）

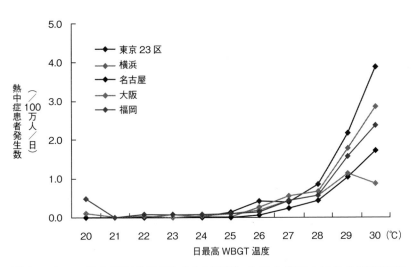

図2-12 一日の最高WBGT（暑さ指数）と熱中症による救急搬送患者
の発生率（2005年）　　　　（環境省熱中症予防情報サイト）

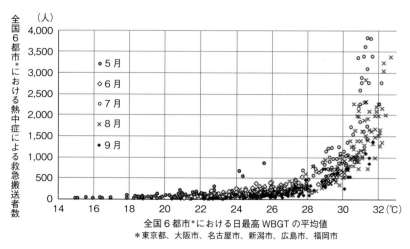

図 2-13　WBGT 値と熱中症搬送者数、月別（2018 〜 2021 年）

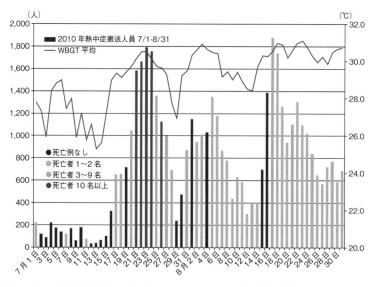

図 2-14　全国 6 都市の最高 WBGT と熱中症の救急搬送患者数の推移（2010 年）

（作図：登内道彦、Heat Stroke Study2010、日救急医会誌 2012；23：227）

ら猛暑が続きました。6月から9月の主要都市におけるWBGTと熱中症による救急搬送患者数を見ると、急に暑くなったことが3回あり、そのときに救急搬送患者数が増加していました（**図2-14**）。最初に上昇した7月下旬に最も多くの重症者が発生し、2回目の8月上旬は身体に馴れ（順化）が生じていて患者数の増加が初回よりも少なかったことが分かります。その後、約1週間暑さが和らいだ後のお盆休み明けに3回目の暑さが到来したときには順化が失われていたことから、再び患者数が急増したことが分かります。

3　職場における熱中症の発生件数

（1）　労働災害死亡者の発生状況

　厚生労働省は、毎年、前年度の業務上疾病としての熱中症による死亡者数を公表しています。その人数は、熱波といわれた1994年に急増して20人に達し、1994〜2021年までの28年間で合計557人（平均19.9人／年）に上り、夏が暑い年に多くなっています（**図2-15**）。月別では、5〜9月に発生していますが、特に7月の梅雨明けから8月のお盆前までが多くなっています（**図2-16**）。時間帯別で

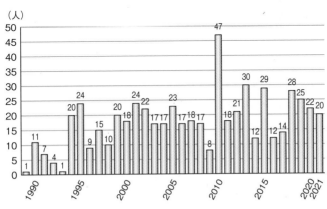

図2-15　熱中症による労働災害死亡者数の推移

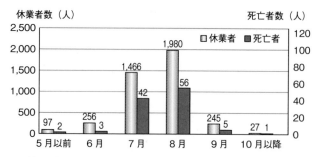

図 2-16　熱中症による労働災害死亡者・休業者数、発生月別（2017
　　　　　〜 2021 年）

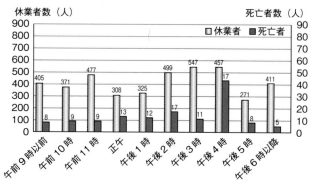

図 2-17　熱中症による労働災害死亡者・休業者数、時間帯別（2017
　　　　　〜 2021 年）

は、午後 2 〜 4 時台に多くなっていますが、午前 11 時台にもピーク
があり、休憩が不十分で作業の疲れがたまることが影響しているよう
です（図 2-17）。職場における熱中症の統計で最も特徴的なのは、
労働災害死亡者が暑熱な現場で作業を始めて何日目に発症したかとい
うものです（図 2-18）。作業初日にいきなり死亡したという事例だ
けで約 4 分の 1 を占め、最初の 3 日間で約 6 割に達しています。暑さ
や作業に慣れていないという状態（順化できていない状態）が原因に
なるのです。都道府県別にみると、沖縄から北海道まで全国で発生し

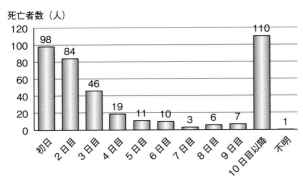

図2-18　熱中症による労働災害死亡者数　暑熱作業開始後の日数別
（1997〜2016年）

表2-4　熱中症による労働災害死亡者数、都道府県別（2001〜2020年）

30人以上	愛知
25人以上	大阪
20人以上	東京、静岡、千葉
15人以上	埼玉、神奈川、兵庫
10人以上	福岡、三重、茨城、北海道、奈良、鹿児島、岡山、福島
5人以上	沖縄、宮城、山口、広島、愛媛、滋賀、京都、長崎、富山、栃木、熊本、新潟、岩手、香川、秋田、石川、長野、大分、宮崎
1人以上	福井、岐阜、群馬、和歌山、島根、佐賀、青森、山梨、高知、鳥取、山形、徳島
0人	なし

ています（表2-4）。

（2）　労働災害死亡者の特徴

　熱中症による労働災害死亡者はすべて男性です。年代は、高齢者ばかりではなく、若者も含めた各年代で発生しています（図2-19）。中には、18歳の若者が夕方まで作業に従事した直後に突然意識を失って死亡した事例もあります。業種別にみると、建設業が約4割を占めていて（図2-20）、就業人口の構成からみると警備業、運送業、林業での発生率が高くなっています。近年、労災保険の対象となる農業労働者が増加し、熱中症の死亡事例が報告されています。このように

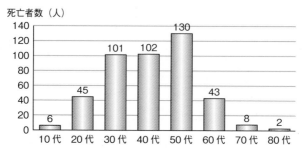

図2-19　熱中症による労働災害死亡者数、年代別（1997～2018年）

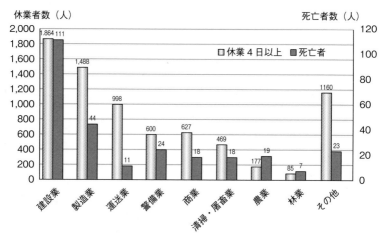

図2-20　熱中症による労働災害死亡者・休業者数、業種別（2010～2021年）

炎天下やアスファルトの上など照り返しのある屋外で、身体を使う作業に従事している労働者は要注意です。

　労働災害死亡者が意識を消失する前に自覚症状を訴えていたのは約3分の1にとどまり、その症状も「具合が悪い」などといった非特異的なものばかりです（**図2-21**）。周囲で観察していても、多くの事例では、突然に、意識障害、ふらつき、けいれん、座り込み、転倒を生じて

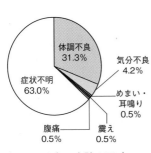

2001 年～2010 年　合計 192 人

図 2-21　熱中症による労働災害
死亡者数、自覚症状別

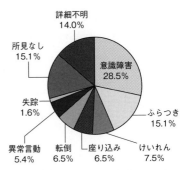

2001 年～2010 年　合計 192 人

図 2-22　熱中症による労働災害
死亡者数、他覚所見別

います（**図 2-22**）。このように、熱中症は早期発見が難しいことから、気象条件（蒸し暑さ）、作業条件（身体活動、服装、作業時間等）、個人の体調を考慮して、予防を徹底することが重要なのです。

（3）　労働災害休業者数

　近年、厚生労働省は、熱中症によって 4 日以上休業した労働者（休

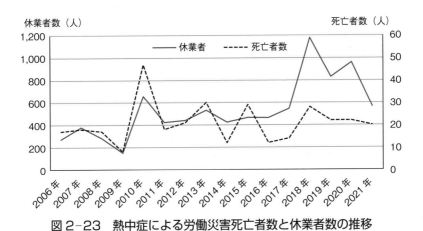

図 2-23　熱中症による労働災害死亡者数と休業者数の推移

27

業者）の人数を公表しています。2006 〜 2021 年の合計で休業者数は 8,545 人で死亡者 335 人の比では約 26：1 の割合となっています。また、地域の労働局が公表している人数を調べると、死亡者数と休業者数は 2013 年ごろまでは同様に増減していましたが、近年は死亡者数がやや抑えられている可能性があることが分かります（**図 2-23**）。また、東北以南では発生率に大きな差は認められません。このように、1 人の死亡災害があるということは、その 20 倍以上の休業災害が認められていますので、ハインリッヒの法則と同様に、さらにその背後には何十倍もの不休災害が発生している可能性があります。

第3章
暑さへの身体反応

1　体温のホメオスタシス

　人体を取り巻く外部環境が大きく変化しても細胞を取り巻く環境が変わらなければ、体内の機能を一定に維持することができます。このような体内の恒常性をホメオスタシスと呼びます。人間には、体液量（水分）、血管内の電解質濃度（塩分）、体温の3つについてそれぞれのホメオスタシスが維持できるように、環境の変化に対応して自律神経やホルモンの作用で調節する仕組みが備わっています。

　哺乳類などの恒温動物は、どのような気象条件下でも体温をほぼ一定に維持することができる動物ですが、そのために備えている仕組みはさまざまです。動物は、食物の栄養素を分解したり筋肉を動かしたりすることによって常に体内で熱を産生していますので、その熱を放散する必要があります。しかし、気温や湿度が上がってくると、熱を体表面から環境中に放散するだけでは不十分になります。このようなとき、動物は、口を開けたり、体表面を舐めたり、土に穴を掘ってもぐったり、水浴びをしたりして、熱を放散させて体温を下げようとします。そして、人間、猿、馬は、汗をかいて体表面から蒸発させることによって体温を維持しようとします。汗に含まれる水分が蒸発する際に身体から蒸発熱を奪う作用を利用して身体を冷却するのです。

　しかし、汗は血液中の液体成分（血清）から作られますので、たくさん汗をかけば血液中の水分や塩分が失われ、それらを補給できなければ、水分や塩分のホメオスタシスが崩れ、脱水や電解質（ナトリウ

図３-１　暑熱環境における生体影響

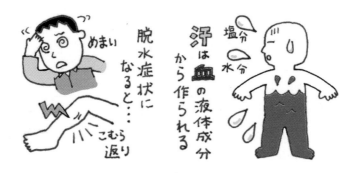

ム）の異常による症状が生じます。一過性のめまいや失神（熱失神）、筋肉のつりやこむら返り（熱けいれん）、疲労感（熱疲労）などです。この時点で、水分と塩分（ナトリウム）が補給され、体温を下げる工夫も施されれば完全に回復できます。しかし、無理をしていると、体温のホメオスタシスが破たんしはじめ、体温が徐々に上昇してきます。

　このように、人間は、水分と塩分のホメオスタシスを一時的に崩しながらも、体温のホメオスタシスを維持しようとします。熱中症を予防するには、これらのホメオスタシスの破たんになるべく早期に気づいて回復させることが重要です。

2　体温調節の仕組み

（1）　核心温

　人間は、内臓の温度（核心温）をほぼ37℃で一定に維持することによって、細胞を正常に機能させることができています。この核心温

が上昇すると、細胞の活性が低下して内臓の機能も徐々に低下します。そして、核心温が 42℃になると細胞内のタンパク質が不可逆的に変性してしまって、細胞が死に、内臓の機能に重大な障害を来たし、生命を維持できません。そこで人間には、視床下部の正中視索前核（MnPO）という場所に体温調節中枢があって、核心温が 42℃に達することがないようにするための仕組みを備えています。ちなみに、がん細胞は特に高温に弱いことが知られていて、このことに注目したハイパーサーミア（温熱療法）という治療法は、正常細胞が障害されないように直腸温を 41 〜 42℃に厳密に調整しながら実施されます。

　核心温は、通常、午前 3 〜 6 時に最も低くなり、午後 3 〜 6 時に最も高くなります。女性の場合は生理周期で変化して、卵胞期はエストロゲンの影響で低くなり、排卵期は一過性に 0.2 〜 0.4℃程度低下し、黄体期はプロゲステロンの影響で高くなります。

　核心温は、身体のいろいろな部位で測定されますが、ISO 9886（生理的測定に基づく温熱負荷の評価）により、鼓膜温、外耳道温、舌下温、食道温、直腸温、尿温が規定されています。実験研究の際には、熱電対やサーミスタで、直腸温（腹部の内臓の温度を反映）や食道温（心臓や血液の温度を反映）を測定したり、カプセル式体温計を飲みこんだりして測定します。一般生活では、口腔体温計を舌下に入れて測定する舌下温、耳式温度計を外耳道に挿入して鼓膜から放射される赤外線をとらえて推定する鼓膜温などで測定できます。熱流補償式体温計で皮膚直下の温度を測る方法もあります。ただし、舌下温は体温計を個人専用にして冷水等の飲食後を避けること、鼓膜温は耳介を後ろに引っ張って外耳道の曲がりを十分に伸ばして測定することなどに注意する必要があります。実際に核心温は測定しにくく、最も測定法が普及しているのは腋下温ですが、結果が核心温よりも 0.5℃以上低めになることに注意する必要があります。

　ここで、核心温が上昇する理由には、大きく分けてうつ熱と発熱が

あります。うつ熱は、体温調節中枢における設定温度は正常なのですが体熱の産生と放散の平衡が崩れて体温が上昇した状態です。発熱は、大腸菌や腸炎ビブリオ等の毒素、インフルエンザ等のウイルス、腫瘍や心筋梗塞等の破壊組織等が白血球等に作用してプロスタグランディン E2 を放出させる等して体温調節中枢の受容体に作用して、設定温度が上昇した状態です。最近では、心理的なストレスによって軽度の発熱を生じることが分かってきました。脳内のセロトニンというホルモンはアドレナリンやノルアドレナリンの働きを抑制する作用がありますが、持続する心理的ストレスの影響で、セロトニンの作用が弱まると解熱剤が無効な発熱を生じるのです。

（2）　体熱の産生と放散

　人間は、外部環境の温度や体内での熱の産生量に応じて体温を調節しています。その中枢は脳の視床下部にあり、無意識に体熱の産生（食事、運動）と体熱の放散（伝導、対流、輻射、蒸発）のバランスを維持して、核心温が上がらないように調節しています（図3-2）。

　体熱の産生は、生きていくために最低限必要な基礎代謝、食後に肝臓における食事中の栄養素の分解と生体物質の合成、運動時の筋肉における生体物質の分解などの際の化学反応熱として生じます。ただし、筋肉が外部に対して行った仕事は、熱ではなく力学的なエネルギーとして消費されます。甲状腺ホルモンやアドレナリンの分泌が亢

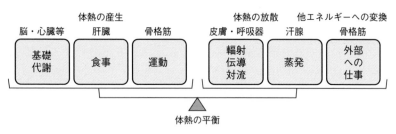

図3-2　体熱の産生と放散

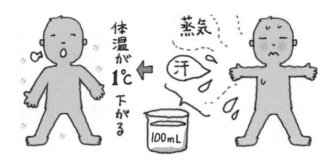

進すると代謝が活発になり、体熱の産生が増えます。また、体温が
35℃を下回ると、骨格筋が不随意に細かくふるえて強制的に体熱が産
生されます。さらに体温が下がると、意識レベルが低下します。

　体熱の放散は、通常、体表面に接している固体への熱の伝導、体表
面の空気や水への熱の対流、直面している物体への赤外線による輻射
（放射）、そして、口腔内や吐く息に含まれる水分が蒸発する際に蒸発
熱を奪うことによって行われています。環境温が 20 〜 25℃ならば、
60％が体表面からの輻射、25％が皮膚や呼気の水分の蒸発、15％が皮
膚に接触する物体や空気等への伝導と対流によります。ここで、皮膚
などの体表面は 34 〜 35℃のことが多いのですが、環境中の空気、水、
直面している物体（太陽や加熱物等）のほうが体表面よりも高温な場
合は、逆に、外部から体表面に熱を受け取ってしまいます。特に幼児
は汗をかく仕組みが未発達で体表面の血流を増やす作用が強いので環
境が高温になるとからだも熱くなりやすい特徴があります。逆に、高
齢者は四肢の血流を増やす作用が弱まります。

　そこで、人間は、体温上昇が始まると汗をかいて体表面に水分を広
げて蒸発させ、蒸発熱を奪わせることで体熱をさらに放散させます。
30℃前後の体表面では、水分 1mL あたり 0.58kcal の蒸発熱を奪い、
体熱の放散の 95％が汗の蒸発に依存するようになります。人間の身
体の比熱は 0.83 程度ですので、汗 100mL をすべて皮膚表面で蒸発さ
せることができれば体重 70kg の人の体温は約 1.0℃下がります。

（3）　熱平衡式

体熱の産生と放散は、次の熱平衡式で表されます。

$$S = M - W - C - R - Esk - Eres - Cres - K$$

> S：身体蓄熱量　　M：代謝産熱量　　　W：外部への仕事量
> C：対流による放熱量　　R：輻射による放熱量
> Esk：皮膚からの蒸発による放熱量
> Eres：呼吸器からの蒸発による放熱量
> Cres：呼吸器からの対流による放熱量
> K：伝導による放熱量

身体の蓄熱量S＝0　ならば体温が一定に維持されます。このことを体温のホメオスタシス（恒常性）が維持されるといいます。**労働や運動は外部への仕事としてWで示されますが、外部への仕事量Wを増**加させようとすると、どうしてもそれ以上に**代謝産熱量Mが増加する**という結果になるために**M－Wが増加**してしまいます。暑熱作業における放熱は、**対流による放熱量C、輻射による放熱量R、呼吸器からの蒸発による放熱量Eres、呼吸器からの対流による放熱量Cres、伝導による放熱量Kでは限界があります**ので、発汗で**皮膚からの蒸発による放熱量Esk を増加**させる必要があります。

（4）　体温上昇時の生体反応

人体の温度は、皮膚、腹部内臓、腹腔壁、大血管壁等に存在する温受容器と呼ばれる機能を持つ感覚神経によって中枢神経に伝えられています（図3-3）。その経路には、①脊髄から脳幹（橋）の結合腕傍核という場所を経由して視床下部の体温調節中枢に伝わる神経経路、および②痛覚と同様に脊髄から視床を経由して大脳（頭頂葉）の感覚野と呼ばれる部位で意識することができる神経経路とがあります。

前者の経路（①）では、体温が上昇し始めると、体温調節中枢は、延髄の網様体にある淡蒼縫線核という場所に指令を出して心拍数を上昇させるとともに皮膚血管を拡張させて、体内の血液の分布を変化さ

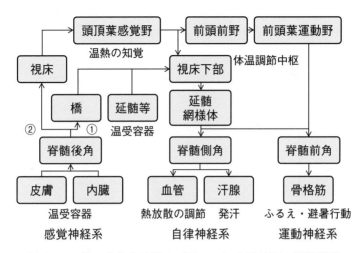

図3-3 熱の産生と放散のバランスによる体温の調節機能

せて消化器などよりも皮膚など体表面に多く流します。特に、四肢の皮膚表面における血流が著しく増加します。この血流によって内臓で発生した熱が運ばれて体表面からの伝導、対流、輻射によって放散されやすくなります。ここで、短時間に多くの熱を放散しようとする際には、交感神経が汗腺に作用して汗を出して体表面で蒸発させます。特に、皮下脂肪の厚い人は、体表面の断熱作用が大きいことから、皮膚表面から熱を放散する作用が弱く、発汗に依存する傾向が大きくなります。ただし、湿度が高い環境においては、汗が蒸発しにくく、したたり落ちた汗は、体温調節には無効ですので、大量の発汗だけが続いて体温も上昇してしまうことになります。

　後者の経路（②）では、意識にあがった暑さの情報は大脳（前頭葉）の前頭前野で判断され、避暑行動を生じます。具体的には、エアコンをつける、涼しいところに移動する、身体活動を中断する、服を脱ぐ、うちわであおぐといった行動です。ただし、労働現場において

は、指揮命令に従わなくてはならず、これらの行動を制限する条件が
存在しやすいので、一層の注意が必要です。

（5）　汗の産生

　汗腺には、エクリン汗腺とアポクリン汗腺があります。

　アポクリン汗腺は、腋下、眼瞼、外耳道、乳輪、臍、外陰、肛門周

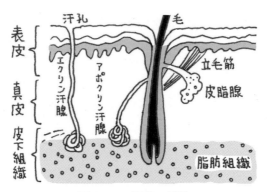

図３-４　汗腺の構造

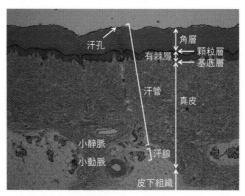

写真３-１　汗腺

（資料提供：産業医科大学皮膚科学教室　吉岡学医師）

囲等に存在し、毛包に開口し、精神的緊張などによる交感神経の刺激（アドレナリンが伝達）で発汗しますが体温調節とは無関係です。エクリン汗腺は、口唇や耳たぶ等の一部を除く全身の体表に300万個ほど存在して、温熱、精神的な緊張、唐辛子等のカプサイシンが含まれた味覚等の刺激を受けると発汗して体温を下げます。発汗の働きは3歳くらいまでによく発達します。したがって、幼少期に暑い環境にさらされたかどうかで暑さに対する抵抗力が違うといわれています。実際に汗をかくことができるエクリン汗腺（能動汗腺）は全体の半分程度です。汗が分泌される汗孔は皮膚の毛根とは別の場所に開口していて、自律神経の一つである交感神経の刺激（アセチルコリンが伝達）で皮膚表面に汗を分泌します（**図3-4、写真3-1**）。

　汗は、血液中の液体成分（血清）から作られます。タンパク質や糖分等は含まれず、ナトリウム、塩素、マグネシウム、カリウム等の電解質やBUN（窒素）が含まれて出てきます。このうち、ナトリウムはある程度は血液中に再吸収されて、通常は血清の4分の1以下の濃度まで薄まっています。汗腺は、身体に必要なナトリウムを再吸収して水分だけを分泌しようとしているのです。血液中のナトリウムイオン（Na^+）濃度は、通常140〜145mEq（ミリ当量）ですが、汗として分泌される際にはNa^+濃度は5〜80mEqになります。汗が速く産生されるときには再吸収が追いつかずに汗のNa^+濃度が増加してきます。急に大量の汗をかいた時のほうが汗は塩辛いということになります。大量に汗が出ると体温は下がりますが、ナトリウムは一気に失われることになります。

（6）　暑熱順化

　人間は、暑さに対して多少の慣れを生じます。それには自律神経系と内分泌系（ホルモン）の反応があります。これを暑熱順化といいます。

　自律神経系は、連続5日間、2時間／日以上、暑い環境にさらされ

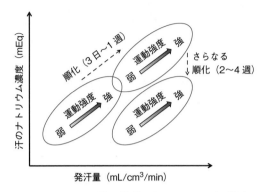

図３-５　汗の量と塩分（ナトリウム）濃度

ていると、わずかな体温の上昇でも汗を出し始めることができるように
なります。汗が出始めるまでの時間が早くなり、前胸部と前額部の
汗がすぐに出るようになって、心臓と脳の温度上昇をいち早く食い止
める働きがあります。逆に、暑い環境へのばく露を４日間以上中断す
ると、その作用は失われ始め、２〜３週間で完全になくなります。

　内分泌系では、暑熱環境に４〜６週間さらされると、ナトリウムの
再吸収を促進するホルモン（アルドステロン）の働きが向上して、汗
腺でのナトリウム喪失が抑制されます。暑熱環境に慣れていない労働
者は１日に15〜20g もの食塩を発汗で喪失することがありますが、
暑さに慣れると１日３〜5g 程度の喪失に抑えられるようになります。

　このように暑さに慣れてくると、体温を一定に維持する働きが向上
するとともに水分やナトリウムイオン（Na^+）を失いにくくなります
（図３-５）。

3　体液調節の仕組み

（1）　体液の分布

　人間の体重の 50〜60% は水分で占められ、その約３分の２が細胞
の内側（細胞内液）に、約３分の１が細胞の外側（細胞外液）に存在

し、細胞外液中でも血液に含まれる水分は約 2,500mL です。人間は、体内の老廃物を尿中に排泄するのには最低でも 400 ～ 500mL ／日の尿が必要で、通常は 1,000mL ／日以上の尿を排泄します。また、人間の吐く息は水蒸気で飽和していて、肌では感じない発汗（不感蒸泄）もあります。したがって、人間は汗をかかない一般生活において、少なく見積もっても 1,000 ～ 1,500mL ／日の水分を失います。若干の水分は体内で産生されますが、それでも、最低 700mL ／日程度の水分を摂取する必要があります。水分は、通常、飲料水として摂取されるだけでなく、食事にも含まれています。

（2） 体液量増加への反応

体液の量が増加して大血管の血圧が上昇すると、心房、大動脈弓、頸動脈の壁に存在する受容器が感知して、延髄の孤束核を経由して、心臓の洞房結節や房室結節を抑制して心拍数を減らしたり、交感神経を抑制して血管を弛緩させたり、視床下部-脳下垂体後葉のホルモン（アルギニン-バソプレッシン、AVP）の分泌を抑制して尿量を増やしたりします。また、心房や心室の壁からは ANP や BNP と呼ばれるナトリウム利尿ペプチドが分泌され、尿へのナトリウムの排泄を促したり、血管を拡張させたり、副腎皮質からのアルドステロンの分泌を抑制したりします。これらの反応により、血圧は徐々に低下します。

逆に、体液の量が減少しても、人間は脱水の程度が軽いときは口渇感を感じることができません。発汗などにより体内のナトリウムの量が減っても同時に水分も減りますので、血液中のナトリウムイオン（Na^+）の濃度が変化しない限りは、身体全体の水分とナトリウムの不足を感じません。すなわち、実際に運動や作業の後に、口渇感に任せて水分を摂取していても、脱水状態は完全に回復しないのです。ただし、このような場合でも、人間の身体の中では水分やナトリウムの調節よりも体温調節が優先されますので、必要な発汗は続きます。

（3）　発汗への反応

　細胞内液、細胞外液、血液の浸透圧は同じですが、ナトリウムは細胞内液にはほとんど存在しません。汗腺が分泌する汗は血液よりもナトリウム濃度が低めですから、多量の発汗によっていったん、血液のナトリウム濃度と浸透圧は上昇します（高ナトリウム血症）。すると、血管の内側と外側で浸透圧に差が生じますので、すぐに細胞外液の水分が血液に移動します。同時に、視床下部の終板脈管器官（OVLT）という場所が浸透圧の上昇を検知して、その刺激は視床下部の視索上核と室傍核に伝わり下垂体後葉からアルギニン-バソプレッシン（AVP）の放出が増えます。AVP は抗利尿ホルモンとも呼ばれ、腎臓の集合管に作用して尿から排泄される水分量を減らすことで血液の浸透圧を下げます。また、このとき、大脳の頭頂葉では口渇感が知覚されて飲水行動を生じます（**図3-6**）。このように、発汗後は、細胞外液の血液への

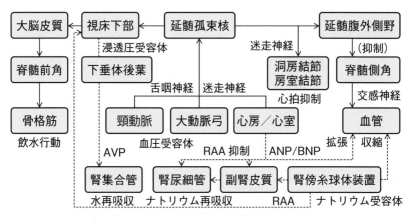

実線：神経系の調節
破線：内分泌系の調節
RAA：レニン-アンギオテンシン-アルドステロン系
ANP/BNP：ナトリウム利尿ペプチド
AVP：アルギニン-バソプレッシン

図3-6　血圧と浸透圧の調節

移動、尿量の抑制、飲水行動によって、血液の水分量はナトリウムの量に合わせて徐々に回復します。しかし、口渇感に任せて水分だけを摂取していると、浸透圧は元に戻りますが水分とナトリウムの絶対量はともにやや不足した軽度の脱水が残ったまま口渇感が消失します。これを自発的脱水と呼びます（105頁図7-2参照）。いったん、上昇した浸透圧が正常にまで復帰するとAVPの分泌も抑制されますので、余分と判断された水分は尿に出て行ってしまい、軽度の脱水状態が残ります。脱水の程度を客観的に評価するには、体重減少量を測定します。

　ここで、摂取した水分は消化管から徐々に吸収されますので、水分を摂りすぎると、後になって血液のナトリウム濃度が低下することもあります（低ナトリウム血症）。そこで、血圧やナトリウム濃度が低下すると、腎臓の傍糸球体装置という場所がそれを検知して腎臓の輸入細動脈からレニンというホルモンの分泌を促します。レニンは、血液中でアンギオテンシンⅡの合成を促します。アンギオテンシンⅡは、血管を強力に収縮させ、脳下垂体からのAVPの分泌を促すとともに、副腎皮質からアルドステロンの分泌を促して腎臓の尿細管からのナトリウムの再吸収を増加させます。しかし、これらはホルモンによる反応なので少し時間がかかります。

4　加齢の影響

　人間は、加齢により暑熱な環境に対処しにくくなります。その理由は、高齢者は若年者と比べて次のような特徴があるからです。ただし、これらの機能は、高齢者であればあるほど個人差が大きくなります。

① 体脂肪率が高く体内で保存される水分の割合が少ないので、脱水を生じやすいこと

② 動脈硬化が進んで四肢などの皮膚の血流が少ないので、体熱を放散しにくくなること

③ 自律神経の機能が低下して皮膚の血流を増やし発汗させる反応

が鈍いので、体熱を放散しにくくなること

④　感覚神経の機能が低下して暑さや喉の渇きを感じにくいので、避暑行動や水分補給が遅れること

⑤　運動神経の機能が低下して迅速な動作を取りにくいので、避暑行動や水分補給が遅れること

⑥　ナトリウムを再吸収するホルモン（アルドステロン）の分泌が少なくなり、汗や尿へのナトリウムの喪失量が多くなること

⑦　腎臓で尿を濃縮したりナトリウムを再吸収したりする機能が低下するので、脱水やナトリウムの異常を生じやすいこと

⑧　自律神経系や内分泌系の順化が生じにくいので、暑熱な環境に慣れにくいこと

　特に、持病がある人で、自律神経の作用に影響を与える薬剤（パーキンソン病治療薬、抗てんかん薬、抗うつ薬、抗不安薬、睡眠薬、抗不整脈薬など）を内服している場合は、発汗が抑制され、体熱が十分に放散できないことがあります。塩分の摂取を制限している人（高血圧、腎不全、心不全などの人）は、循環する血液の量が少なくなりやすく、脱水状態に陥りやすくなります。糖尿病のコントロールが悪いと脱水を生じやすいうえに血管が拡張しにくくなり体温調節が不得意になります。脳梗塞や心筋梗塞のリスクが高い人は、軽度の脱水でも循環器疾患を発症するリスクが高まります。したがって、これらの持病のある人は、定期的に診察や健康診断を受けて、暑熱な作業や日常生活における注意事項について医師や保健師による指導を受けることが望まれます。

　日常生活において、アルコール摂取の習慣があったり規則正しく食事を摂っていなかったり、下痢・脱水・発熱を伴っていたり、睡眠が不足していたりすると、熱中症を発症したり持病が一層悪化しやすくなります。特に、梅雨明け後に急に暑くなる季節は、無理な行動を控えて日常生活のリズムを維持することが重要です。

第4章
熱中症の発生

1 生理的変化と疾病

(1) 生理的変化

　人間には、外部環境が変化しても細胞を取り巻く内部環境を大きく変化させない体内の恒常性（ホメオスタシス）が備わっています。体温（核心温）、体液量、血中ナトリウム濃度のホメオスタシスは、自律神経やホルモンの仕組みで維持されています。ホメオスタシスを維持するために生じる一過性の身体の変化を生理的な変化と呼びます。一般に、人間は、生理的な変化を疲労として自覚することがありますが、疲労は通常の生活をしながら1日程度の休息を取ることによって元の状態に回復します。生理的な変化は身体の正常な反応の現れですから、通常、病気（疾病）とは呼びません。

　暑熱な環境において体内の発熱量が多いときに、顔が赤くなったり少し汗をかいたりすることは生理的な変化ですから、本来は疾病というべきではありません。熱中症の症状のうち一過性の失神（熱失神）や筋肉のつりやこむら返り（熱けいれん）なども、本人が休息を取り、十分に水分と塩分を摂取することによって回復しますから、疾病とはいえないものかもしれません。しかし、一見、症状が軽くみえても血圧や血流の異常から内臓が機能障害に陥り、医療機関での処置が必要となる場合もあります。したがって、これらの症状もまとめて熱中症という病名が使われます。

（2）　病理的変化

　環境の変化が大きすぎたり長すぎたりして生理的な変化ではおさまらない場合は、一晩寝たくらいでは回復しません。身体の組織に生じたこのような変化は病理的（病的）な変化と呼ばれ、そのような変化を生じる状態を病気（疾病）と呼びます。疾病は、通常、医療を施さなければ回復しないものを指します。例えば、筋肉のつりやこむら返り（熱けいれん）の程度が激しい場合には、筋線維の崩壊物が大量に血液中に放出され腎臓が目詰まりして尿を産生する機能が障害されてしまうことがあります。このときに生じる筋線維の壊死（細胞や組織が死ぬこと）や腎臓の尿細管の閉塞は病理的な変化で、それぞれ個別に横紋筋融解症や急性腎不全という病名で呼ばれます。

　病理的な変化や疾病は、自分で気づく症状（自覚症状）がはっきりせず、他人からみた所見（他覚所見）も乏しいままに進行することもあります。現場で、熱中症を疑う自覚症状や他覚所見に回復傾向がなければ、早めに受診させたほうが安全です。例えば、筋線維の壊死が大量に生じた場合には、通常、筋肉痛、筋力低下、倦怠感、尿量減少などの症状や所見が現れますが、本人が気づかない場合があります。医療機関では、血液中のクレアチニンフォスフォキナーゼ（CPK）や尿中のミオグロビンなどを測定して病状を正確に把握して、適切な医療によって回復させることができます。

（3）　不可逆的変化（後遺障害）

　病理的な変化がかなり進行して神経細胞のような再生しにくい組織にまで及んでしまうと、医療を施しても二度と回復しないような変化（不可逆的変化）を生じて、後遺障害を残すことがあります。急性腎不全の治療が遅れると、腎臓が不可逆的な変化を生じて慢性腎不全となり、腎臓は永久にその機能を失えば人工透析などの治療を受け続けなければならなくなります。脳の不可逆的変化が生じた場合は、脳血管障害（脳卒中）の後遺障害と同様に身体の麻痺や意識障害などを残すことがあります。脳の障害が重症の場合や多臓器不全（Multiple Organ Failure, MOF）や播種性血管内凝固症候群（DIC）が生じた場合は、集中治療を施しても救命することができないことがあります。

2　熱中症の病態

（1）　熱失神

　熱中症の初期には、体温はほぼ正常に維持されていますが、皮膚の血流が増えて内臓の血流が減ったうえに発汗による脱水も生じます。これによって、血圧が低下して、脳に循環する血液量が減少します。立ち上がったり長く立ったままでいたりすると、一瞬、めまいがしたり気を失ったりすることがあります。このような状態を「熱失神」（heat syncope）などと呼びます。

　このようなときは、まず、意識を失って倒れないように、安全なところでしゃがませたり横に寝かせたりして、脳内の血のめぐりを回復させます。また、水分とナトリウムの摂取を促します。なお、短時間で回復しないときや自分で水分を摂取できないときは、別の疾病も考えられますので医療機関に救急搬送する必要があります。

（2）　熱けいれん

　大量の汗をかいた後に、塩分（ナトリウム）の少ない水分を大量に摂取すると少し時間が経ってから血液中のナトリウム濃度が低下してきます（低ナトリウム血症）。この状態は筋肉の収縮を誘発しますので、工具を握っている手を自分では開けなくなることや、手足がつったり腹筋等がこむら返りを起こすことがあります。このような状態を「熱けいれん」（heat cramp）と呼びます。なお、小児が発熱時に起こす「熱性けいれん」と混同しないように注意が必要です。

　このようなときは、食塩入りの飲料や食品を摂取させたり、医療機関でナトリウム入りの点滴を受けさせたりすることが必要です。なお、熱けいれんで大量の筋細胞が壊れると急性腎不全を生じることがありますので、尿の色が濃いときや尿がほとんど出ないときは、医療機関を受診させて腎臓や尿の検査を受けさせる必要があります。

（3）　熱疲労

　脱水によって、全身の細胞をとりまく水分が減ると、さまざまな臓器の機能が低下し、慢性的な疲労感などを生じます。例えば、消化液の分泌が減り消化管の働きが鈍くなると胃腸障害や食欲不振が生じます。無理に筋肉を使うと筋細胞が壊れやすくなり筋力が低下します。脱水によって体重は減少し心拍数は上がります。このような状態を「熱疲労」（heat exhaustion）といい、軽いうちは「夏ばて」と呼ばれ、単に元気がないだけで済まされていることがあります。体重の2%を超えるような脱水が生じると、頭痛、吐気、めまい等の症状や身体機能の低下が生じやすくなります。

　このようなときは、安静にさせて水分と塩分を補給する必要がありますが、回復傾向がみられなければ医療機関に搬送して補液（点滴）等による治療と検査を受けさせて、臓器の機能が回復するまで入院させる必要があります。

(4) 熱射病

体温の維持ができなくなり身体内部の核心温が39℃を超えて、脳の視床下部に存在する体温中枢が障害されたり、内臓が障害されたりした状態を「熱射病」（heat stroke）と呼びます。脳が障害されると、徐々に暑さの感覚が麻痺し、避暑行動を取らなくなり、足がもつれてふらついたり水が飲めなくなったり、うわごとを言ったり異常な言動がみられます。体温中枢の異常が続くと、遂に、皮膚の血管拡張や発汗等の生理的な反応が止まり、核心温は急激に上昇します。

細胞の温度が41℃を超えてくると細胞の壊死が始まり、その臓器が機能障害に陥るとともに、血管内で血液凝固系の反応が発生して播種性血管内凝固症候群（DIC）が始まります。ここに、脱水による血流の不足が加わると肝臓や腎臓をはじめとする臓器の障害が加速します。さらに、消化管の粘膜が損傷されて腸内常在菌等から内毒素（エンドドキシン）が放出され、これによる免疫系の反応が生じて全身性炎症反応症候群（Systemic Inflammatory Response Syndrome, SIRS）という病態が生じて、臓器の障害がさらに加速します。これらの結果、やがて全身が多臓器不全（MOF）に陥ります。意識状態が低下して昏睡に陥り、全身のけいれんなどの症状が認められ、生命の維持が難しくなり、たとえ救命できたとしても脳の障害などが残る可能性が高くなります。

このような経過をたどらないように、一刻も早く、救命救急の経験が豊富な医療機関に搬送して集中治療を施す必要があります。

3　熱中症の症状

（1）　体液バランスの破たん

　熱中症の症状は、まず、身体が体温を維持しようとして生じる体液のバランスの破たんから始まり、次に、体温のバランスの破たんが生じ、最終的には高体温と脱水による脳や肝臓等の内臓障害という順序で進展するのが一般的です。

　体液のバランスが破たんし始めた初期の段階は、立ちくらみ等（熱失神）の症状が生じても、休憩中や業務終了後に十分な水分と食事を摂ることで体液のバランスは回復します。これは、生理的な変化と考えても差し支えない程度の変化です。ところが、水分だけを過剰に摂取すると、血液中のナトリウム濃度を一定にしようとするホルモンの働きが追いつかず低ナトリウム血症を生じ、筋線維が勝手に収縮してしまい、筋肉のつりやこむら返り（熱けいれん）を生じて筋肉の細胞が壊れてしまいます。また、水分の摂取が不足したまま放置していると、血液だけでなく間質や細胞内の脱水が進んで内臓等の機能の低下（熱疲労）を生じます。特に、水分とナトリウムが両方とも不足してくると、ナトリウム濃度はあまり変化しないので喉の渇きが生じず、水分を補給しなくなります。これを自発的脱水と呼び、慢性的な脱水を生じる原因になります。そして、尿の産生が不足したところに筋細

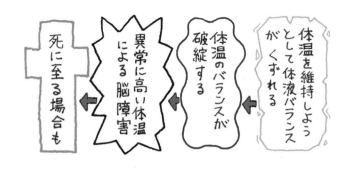

体温を維持しようとして体液バランスがくずれる　→　体温のバランスが破綻する　→　異常に高い体温による脳障害　→　死に至る場合も

胞の壊死（横紋筋融解）で生じた物質で腎臓が目詰まりを起こします。痛みもなく、全身の倦怠感、脱力感、尿量減少が徐々に現れるほかには自覚症状に乏しいのですが、この状態は腎不全と呼ばれ、緊急に人工透析を行わなければ、一生、人工透析が必要になったり、死亡したりします。

(2)　体温バランスの破たん

　次に、体温のバランスまで破たんしはじめる段階に至ると、内臓の温度（核心温）が上昇して、全身の細胞に含まれる酵素の働きが悪くなり、物質代謝の速度が遅くなり、多くの組織や臓器の機能が低下してきます。ここで、体温を下げる治療を施さなければ、症状が一気に進行します。脳の神経細胞にも影響が出はじめると、大脳皮質の機能が低下して高次脳機能障害の状態となり、いつもの本人とは異なる言動がみられます。小脳の機能が低下すると真っすぐに歩けないなどの症状がみられ、字が書けないとか物を飲み込めない（嚥下障害）といった明らかな異常が生じ、前後して意識障害も生じます。さらに、視床下部の機能が低下して、体温のバランスを維持しようとする働きがなくなると、皮膚血流が減り、発汗も止まり、核心温が急激に上昇して生命の危機に陥ります。これらは決まった順序で必ず起こるものではありません。ちょうど脳卒中の症状と同じように多様な症状を呈します。また、神経細胞はいったん壊死してしまうと再生しにくいことから、救命されても後遺症が残る可能性が高くなります。

　脳以外の部位でも、核心温の上昇と脱水によって全身の細胞が徐々に壊れはじめ、その数が増えていくと多くの臓器の障害が明らかになってきます。医学的に多臓器不全（MOF）や播種性血管内凝固症候群（DIC）と呼ばれる状態によって起こる症状には、意識障害、黄疸、出血傾向などがあり、症状や臓器ごとに適切な治療を直ちに始めなければ救命が困難となり死に至る状態です。

4　熱中症の発生機序

　熱中症は、高温多湿な環境下で、順化していない者が、急に、身体負荷の高い活動に従事することで発生します。職場においては、透湿性や通気性の悪い服装や保護具を身につけて、休憩をあまり取らずに肉体労働に従事していると、体温が上昇し、皮膚血管の拡張や発汗による脱水とナトリウム濃度の異常から、内臓の循環障害や脳の温度上昇が生じて、骨格筋、消化管、肝臓、腎臓、脳などにその影響が表れて、多様な症状を呈します（図4-1）。熱中症の症状には、筋肉のつりやこむら返り、立ちくらみ、めまい、頭痛、吐気、食欲低下、尿量減少などがありますが、残念ながら早期発見に有用な特徴的な症状はありません。実際には、熱失神、熱けいれん、熱疲労などの病態は混在します。

　仕事に没頭したり無理をしたりしていると、いつのまにか体温が上昇して正常な判断ができなくなり、突然、意識を失ったり全身のけいれんを起こしたりする事例もあります。高齢になるほど、温熱感や口渇感を感じにくく、発汗等の自律神経の反応が鈍く、無理や遠慮から避暑行動を取らないことも多く、体内の水分量の割合も少なく、熱射病を生じやすいので要注意です。周囲が早めに気づくには、暑熱な環境で仕事をする仲間同士で、普段とは様子が違う人がいたら熱中症を疑ってみることが大切です。例えば、一生懸命に作業をしているように見えるのに、作業のペースが落ちたりミスをしたりしている人を見かけたら、すぐに休ませて、応援を呼び、救急処置を施すことが大切です。

　熱中症の発生には個人差があり、かかりやすい人の特徴は、水分や塩分の摂取不足、厚い皮下脂肪、高年齢、心臓・脳・肺・腎臓・甲状腺の持病、発熱、下痢、脱水、自律神経に影響する薬の内服等があります。また、糖尿病や動脈硬化が進んでいると心筋梗塞や脳梗塞等を

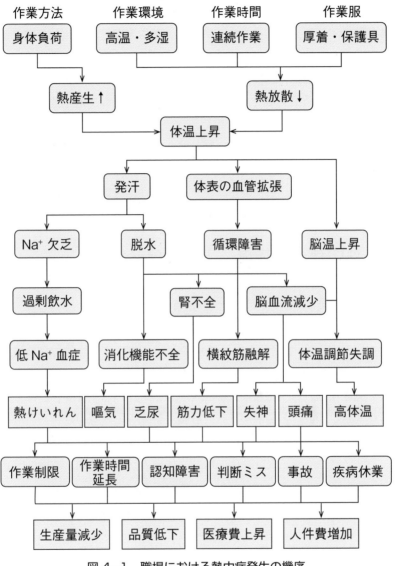

図4-1 職場における熱中症発生の機序

起こしやすくなります。また、暑熱な環境下で、熱中症とは異なる疾患が発生することがあります。例えば、食中毒などの消化器疾患、感染症などの発熱性の疾患、不整脈、心筋梗塞、脳梗塞、くも膜下出血などの循環器疾患、過換気症候群、糖尿病性昏睡、てんかんによる意識障害などが発生することがあり、現場でこれらの疾病を鑑別することは必ずしも容易ではありません。

　熱中症が発生すると、たとえ軽症であっても、作業におけるミスを生じたり、労働災害や交通事故が発生したり、生産性や業務の質を低下させたりします。熱中症を予防することは、労働者の健康だけでなく、安全の確保や健全な事業活動を推進するうえでも重要です。

5　熱中症の重症度　Ⅰ～Ⅲ度分類

　救急医療においては、熱傷や意識障害の分類と同様に、熱中症の重症度を「Ⅰ度」「Ⅱ度」「Ⅲ度」と分類しています。「Ⅰ度」とは、現場や外来での一時的な水分摂取や輸液による処置で回復する程度の軽症のことです。「Ⅱ度」とは、脱水が進行していて入院して血液検査などを行いながら治療しなければならない中等症のことで、適切な治療を施さなければ「Ⅲ度」に進展します。そして、「Ⅲ度」とは、高体温（39℃以上）と脱水から脳、肝臓、腎臓等の内臓の障害や血液凝固系の異常である播種性血管内凝固症候群（DIC）が始まった重症のことで、集中治療により身体の冷却、体液の厳重な管理、内臓の障害やDICの治療を施さなければ生命の危険があります。

　最も重症なⅢ度熱中症については、次のような診断基準が示されています。

　暑熱ばく露（heat stress）があり、頭部外傷などの他疾患が否定され、なお深部体温が 39℃以上（腋窩で 38℃以上）の高熱を示した場合、熱中症を疑い、下記の 3 要件のうちいずれかがあればⅢ度熱中症

①　脳機能障害：意識消失・せん妄状態・小脳症状・全身痙攣

②　肝／腎機能障害：AST・ALT・BUN・クレアチニン・CPK／ミオグロビンの上昇、尿中ミオグロビン

③　血液凝固障害：DIC

（安岡正蔵：日医雑誌 2011；140（4）：789-794）

6　救急搬送の判断

　熱中症を疑った際に難しいのは、いつの時点で医療機関に連れて行くのかという判断です。もちろん、自力で飲料を摂取できなかったり、ふらついていたり、言動や意識状態がおかしかったりすれば、直ちに救命救急センターに搬送する必要があります。ところが、本人の症状の訴え方がそれほど重症と感じられず異常な言動が認められなくても、核心温が 39℃くらいに上昇していてⅢ度の熱中症になりかけていることがあります。

　そこで、熱中症を少しでも疑う場合は、必ず、いったん、涼しい場所で休憩させて飲料水などを摂取させます。その際、一人きりにせずに、症状が完全に回復するまでは誰かが様子を観察します。

　医療機関に連れていかなくてもよいと判断できる条件とは、次の 3 点がすべてそろっている場合だけです。

①　本人の意識がはっきりしていること

②　自分で水分や塩分が摂取できていること

③　症状が明らかに改善していること

　すなわち、本人が自力で元気を取り戻せている場合は、そのまま現場で経過をみてもよいことが多いと推測されます。逆に、数分間、様子をみても、いつもの本人のような元気が戻らない場合は、医療機関

に救急車で搬送すべきです。その際、医療機関において正確な診療をしてもらうためには、現場の状況や本人の経過を知る者が同行することが大切です。

第5章
熱中症の原因

1　熱中症が発生しやすい職場の条件

　熱中症が発生しやすい職場の条件には、多くの要因があります（**表5-1**）。これらの要因には、快適な水準、ミスを生じやすく作業効率を下げる水準、健康に有害な水準、そして、人間が生存できない危険な水準が存在します。快適ではない水準であっても、さまざまな要因と複合することで健康に有害な水準とみなされる場合もあります。

　実際の職場では、多くの要因を幅広く把握して、こまめに測定や観察を行うことで、熱中症の予防ができます。ただし、日々刻々と変化するものやわずかな場所の違いでも異なるものがあります。そこで、①暑熱な環境、②高負荷の作業、③高負荷の衣服の3つに注目して優先的に考えることをお勧めします（第6章参照）。

（1）　暑熱な環境

　熱中症が生じやすい暑熱な環境とは、気温・湿度が高く、直射日光、それによって暖められたコンクリートの表面、加熱炉、高温の材料や製品などから放射される赤外線を直接的または間接的に受けることによる熱（輻射熱）が存在し、汗を蒸発させる気流（風）が体表面に当たらない、または暖かい湿った気流が体表面に当たるような環境です。このような環境では、暑さにさらされることに加えて、汗は蒸発しにくく流れ落ちるなど体温調節には無効な発汗が増えて、短時間のうちに体温が上昇したり脱水状態に陥ったりしやすくなります。

表5-1　熱中症を発生しやすい職場の条件

1　暑熱な環境	
WBGT が高いこと	例：高温多湿で無風の屋外での作業である。
気温が高いこと	例：内燃機関や電気器具が密集している。
相対湿度が高いこと	例：調理器具やボイラーの蒸気が立ち込めている。
風がないこと	例：ビルに囲まれた現場である。
輻射熱（放射熱）を受けること	例：炎天下、炉前、照り返しのある場所である。
2　身体負荷の高い作業	
筋力を使うこと	例：スコップで掘る。ハンマーを打つ。
重量物を取り扱うこと	例：運搬作業に従事する。重たい工具を持つ。
昇降を繰り返すこと	例：階段を頻繁に昇り降りする。
長距離を移動すること	例：広い範囲の設備を見回る。
速い動作を繰り返すこと	例：ラインの動きに合わせて組み立てる。
3　拘束時間の連続	
長時間続けて作業すること	例：作業が始まると一段落するまで止められない。
自己判断で休憩が取れないこと	例：チームで連携しながら作業をしている。
4　飲料摂取しにくい作業	
飲料を取得できないこと	例：必要な量の飲料を持ち歩くことができない。
飲料が摂取できないこと	例：安全衛生上の理由で飲食が禁止されている。
5　不十分な休憩場所	
安静を確保できないこと	例：休憩場所に背もたれのある椅子がない。
飲水をしにくいこと	例：給水設備が足りない。水筒を保管できない。
体温を冷却しにくいこと	例：空調の効きが悪い。扇風機の効きが悪い。
6　不十分な管理体制	
体調を尋ねていないこと	例：監督者が作業前に体調を尋ねていない。
監視をしていないこと	例：一人作業である。監督者が巡回していない。
教育をしていないこと	例：熱中症予防の教育が実施されていない。
事例が報告されていないこと	例：熱中症を疑う事例の把握や報告の仕組みがない。
7　通気性・透湿性の低い衣服	
皮膚が広く覆われていること	例：安全面の制約で長袖・長ズボンである。
通気性の悪い着かたであること	例：首元が締まっている。作業着が肌に密着している。
透湿性の悪い素材であること	例：吸湿性が高く乾きにくい素材の衣服を着ている。
8　装備（身体冷却用のものを除く）	
安全衛生保護具をつけること	例：呼吸用保護具、手袋、手甲などをつけている。
防護服を着ていること	例：化学防護服やウェットスーツを着ている。

（2）　高負荷の作業

　熱中症が生じやすい高負荷の作業とは、作業における身体強度が大きく、休憩が取りにくく長時間にわたる連続的な作業で、水分や塩分（ナトリウム）の補給をしにくい作業です。このような作業では、筋肉での反応熱が大きくなり体温の上昇を抑えるための身体の負担が大きくなりますし、発汗によって消費された血液中の水分を補うことができず脱水に伴って脳や腎臓などの臓器への血流が不足することによる症状が生じやすくなります。

（3）　高負荷の衣服

　熱中症が生じやすい高負荷の衣服とは、装着している安全衛生保護具を含めて、労働者が体温を放散しにくいような作業服のことです。消防服のように火炎や赤外線による熱傷を防ぐような断熱性の高い衣服は、環境中の暑熱を身体に伝えにくいのですが、逆に、体内で産生された熱を環境中に放散しにくいことから、身体活動が大きい作業などでは熱中症を発生しやすい衣服です。厚手の生地で空気層や断熱材を含むような衣服も同様です。色調の黒いものなど赤外線を吸収しやすい衣服は、紫外線も遮断して日焼けの防止にはよいのですが、衣服そのものが温まりやすいことから、体表面に接して皮膚に熱を伝えて

表5-2　化学防護服の防護性能による分類（JIS T 8115：2015）

タイプ1：気密服	タイプ4：スプレー防護用密閉服
タイプ2：陽圧服	タイプ5：浮遊固体粉じん防護用密閉服
タイプ3：液体防護用密閉服	タイプ6：ミスト防護用密閉服

しまいやすい衣服になります。

　化学防護服など化学物質のばく露から皮膚を守ろうとする衣服は、通気性が低いことに加えて、揮発性の高い化学物質であっても水分や水蒸気を透過や浸透させにくい素材や縫製で作られています。化学防護服は防護性能によって6種類に分類されていて（**表5-2**）、このうちタイプ5や6のものは水蒸気を透過しますがタイプ1〜4のものには透過しない素材のものが多く、皮膚表面の空気が汗による湿気で水蒸気が飽和してしまい汗が蒸発しなくなり、無効な発汗が増えて、夏場は15分程度でも脱水や体温上昇を生じてしまうおそれがあります。

　なお、スポーツ選手のように急激に大量の発汗が予想される場合は、衣服の裏面から水分を吸い取ってそれを表面で蒸発させる機能に優れている衣服も開発されています。

　また、安全衛生保護具のうち、保護帽、呼吸用保護具（マスク）、保護面、空気ボンベ、前掛け、保護手袋、安全靴などは、汗が蒸発する皮膚や衣服の表面を覆ってしまうこと、それらを装備すること自体が重量物を運搬するという負荷につながること、呼吸用保護具は呼気に含まれる温かい水蒸気の排出の障害となって肺内の冷却を妨げることから、熱中症を発生しやすくする要因になります。

2　労働衛生管理と熱中症のリスク

　労働衛生管理においては3管理に教育、体制を加えた5つの柱に分けて対策を講じるのが一般的です。そこで、熱中症が発生しやすい職場の条件を5つの柱に関連づけて、職場における熱中症のリスクとしてまとめると**表5-3**のようになります。通常、リスクという言葉は

表5-3　労働衛生管理と職場における熱中症のリスク

作業環境管理	温度が高い、湿度が高い、輻射熱が大きい、涼しい気流がない
作業管理	身体負荷が大きい、連続作業時間が長い、休憩頻度が少なく時間が短い、水分や塩分を補給しにくい、衣服の吸熱性や保熱性が高く通気性や透湿性が悪い、安全衛生保護具の着用が必要である
健康管理	暑さに慣れていない、水分や塩分の摂取量が不足している、皮下脂肪が厚い、年齢が高い、心臓・肺・腎臓に持病がある、発熱している、下痢や脱水がある、自律神経に影響のある薬を内服している
労働衛生教育	作業者、管理監督者に熱中症の知識が不足し対策も知らない
労働衛生管理体制（総括管理）	暑熱環境の測定をしていない、職場を巡視していない、管理監督者が作業者の体調を把握していない、休憩場所やその利用方法が整備されていない、救急体制がない

外的な要因のみに使用されていますが、ここでは、人間の特性にも使用します。それぞれのリスクに対して有効な対策を講じることができれば、熱中症を予防することができます。

（1）　作業環境管理

作業環境管理に関しては、作業環境が蒸し暑く、職場に発熱体があるなど輻射熱が大きく、窓を閉め切っているなど無風である、または熱風があるということがリスクを高めます。午後に西日が差し込む屋内は夕方になると屋外よりも暑くなることがあります。

（2）　作業管理

作業管理に関しては、身体負荷の高い作業が求められる業務で、連続して作業をしなければならない時間が長く、その一方で休憩のための時間を取る頻度が少なく、その時間も体温を正常化するには十分で

はなく、冷房や通風が確保された休憩場所がないといった点がリスクを高めます。また、水分やナトリウムの補給のための設備や体制がなく、作業用の衣服の吸熱性が高く通気性や透湿性が悪く、安全衛生保護具の着用が必要であることなどもリスクを高めます。

(3)　健康管理

　健康管理に関しては、労働者が暑さに慣れておらず、当日の作業前に食事や飲水を十分に摂取していないことがリスクを高めます。労働者ごとの体調を把握していないこと、リスクの高い労働者に配慮した就業上の措置を行っていないこと、暑さに慣れる前に暑熱作業に従事させることも大きなリスクになります。

　また、皮下脂肪の厚い肥満者は体内で産生された熱を放散しにくいこと、高齢者は年齢が高くなるほど暑さへの感覚や身体の反応などといった人間の生理機能が低下してくること、心臓・肺・腎臓の慢性疾患や発熱や脱水を生じる持病のある者は暑さへのばく露が持病を重症化させるおそれがあること、循環器内科や精神科が処方する薬物などで自律神経に影響のあるものを内服している者は暑さに対する皮膚表面の血流の調整や発汗などが鈍るおそれがあることもリスクを高めます。実際には、熱中症になったことがある者は再び熱中症になりやすいことが知られています。

　特に、発汗や体温調節の機能の障害を引き起こす可能性のある薬として、パーキンソン病治療薬、抗てんかん薬、抗うつ薬、抗不安薬、睡眠薬、抗不整脈薬などがあり、また、高血圧、腎不全、心不全などの持病のために食事中の塩分摂取を制限されたり、利尿剤を服用したりしている人は、塩分不足に陥る可能性が高くなります。ただし、これらの内服薬の内容や疾患の程度などは労働者ごとに異なりますので、産業医などの医師の意見を求めたうえで対処することが重要です。

(4)　労働衛生教育

　労働衛生教育に関しては、労働者自身、現場の管理監督者、組織の管理者が、熱中症とは、現場の無理によって生じる疾病であり、また、現場の知恵と努力によって予防できる疾病であることについて、必要な知識や対策を知らないことがリスクになります。なお、熱中症が発生した直後に行うべき救急処置について教育を受けていないこともリスクを高めます。

(5)　労働衛生管理体制

　労働衛生管理体制（総括管理）に関しては、暑熱な作業環境は毎日の天候によっても異なることから、気象条件によっては暑熱になる職場があること自体を把握していなかったり、その実態を評価できていなかったり、必要な対策を講じる体制が確立していなかったりすることなどがリスクを高めます。また、熱中症が発生したときの連絡方法や救急搬送する手順、近隣の医療機関に関する情報がないこともリスクを高めます。

3　暑さ指数（WBGT）

　WBGT（Wet Bulb Globe Temperature、湿球黒球温度）は、「暑さ指数」とも呼ばれ蒸し暑さを一つの単位で総合的に表すための指標です。熱中症のリスクを評価するための湿熱環境の指標としては、世界

中で最も広く使用されているもので、次式で計算することができます。

> **日射がある場合**
> WBGT = 0.7 ×自然湿球温度＋ 0.2 ×黒球温度＋ 0.1 ×乾球温度
>
> **日射がない場合**
> WBGT = 0.7 ×自然湿球温度＋ 0.3 ×黒球温度

　ここで、「自然湿球温度」とは、濡れガーゼで覆った温度計を、人為的な日陰を作らない環境に置いて、送風もせずに測定した値のことです。実際に作業者のいる場所で、発汗して濡れた体表面の温度を測定していることになります。また、「黒球温度」は、中空で銅製のつや消しした黒色球の中心に置いた温度計で計測した値です。熱中症を予防するうえで WBGT 値を測定することが基点となります。

　近年、わが国においてさまざまな WBGT 測定器が開発され、市販されるようになりました（写真、70 頁参照）。これらは、黒球と自然湿球温をそれぞれ実測する機器かどうかで日本産業規格（JIS）が異なります。黒球があり自然湿球温を測定する形式（黒球・自然湿球型）の規格は、国際規格である ISO 7243:2017 ／ JIS Z 8504 です。黒球があり湿度センサーから自然湿球温を推定する形式（黒球・湿度センサー型）の規格は、2017 年に新設された日本独自の JIS B 7922 です。JIS B 7922 は、想定される最大の誤差を「クラス」として規定しています（クラス 1：± 1℃、クラス 1.5：± 1.5℃、クラス 2：± 2℃）。

　また、屋外の日なたで気温と相対湿度から自然湿球温度を近似的に求める方法が示されています（**表5-4** 乾球温度と相対湿度から湿球温度）。黒球がない形式には規格がありません。黒球や自然湿球温を実測する形式であれば正しい WBGT 値を測定できますが、それだけ大型で携帯しにくく高価になります。黒球がない形式のものは、日射や発熱体の影響がある職場では WBGT を大きく過小評価するおそれがあり、使用すべきではありません。したがって、それ以外の形式のも

表5-4 乾球温度と相対湿度から湿球温度（℃）を求める表

		相対湿度（%）													
		30	35	40	45	50	55	60	65	70	75	80	85	90	95	100
気温（乾球温度）（℃）	40	25	27	28	29	30	32	33	34	35	36	37	37	38	39	40
	39	24	26	27	28	30	31	32	33	34	35	36	37	37	38	39
	38	24	25	26	28	29	30	31	32	33	34	35	36	36	37	38
	37	23	24	26	27	28	29	30	31	32	33	34	35	35	36	37
	36	22	24	25	26	27	28	29	30	31	32	33	34	34	35	36
	35	22	23	24	25	26	27	28	29	30	31	32	33	33	34	35
	34	21	22	23	24	25	26	27	28	29	30	31	32	32	33	34
	33	20	21	22	24	25	26	26	27	28	29	30	31	32	32	33
	32	19	21	22	23	24	25	26	26	27	28	29	30	31	31	32
	31	19	20	21	22	23	24	25	26	26	27	28	29	30	30	31
	30	18	19	20	21	22	23	24	25	26	26	27	28	29	29	30
	29	17	18	19	20	21	22	23	24	25	26	26	27	28	28	29
	28	17	18	19	20	20	21	22	23	24	24	25	26	27	27	28
	27	16	17	18	19	20	20	21	22	23	24	24	25	26	26	27
	26	15	16	17	18	19	20	20	21	22	23	23	24	25	25	26
	25	15	15	16	17	18	19	20	20	21	22	22	23	24	24	25

（環境省「まちなかの暑さ対策ガイドライン　改訂版」(2018年)）

のから、それぞれの規格に適合した機器を選択して使用することが勧められます。

4　労働基準局の WBGT 基準値

　厚生労働省労働基準局長通達「職場における熱中症予防基本対策要綱」（令和3年4月20日付け基発0420第3号、以下、熱中症予防通達）は、「身体作業強度等に応じた WBGT 基準値」（表5-5）を示し、この水準を超えるおそれのある場合には、冷房等による WBGT の低減、身体作業強度の低い作業への変更、作業場所の変更などの熱中症予防

対策を実施するよう指導しています。この WBGT 基準値は、既往症が
ない健康な成年男性を基準に、ほとんどの者がばく露されても有害な
影響を受けないレベルに相当するものとして設定されていて、作業で
着用する衣服に応じて WBGT を補正する必要があります（**表 5-6**）。

　これらの表は ISO（JIS）と ACGIH（アメリカ産業衛生専門家会議）
が作成したものを転用したものですが、これらに当てはめにくい作業
者、作業、衣服も多く、熱中症予防対策を常に実施するよう心がける
べきです。

　職場ごとに作業中の WBGT を測定することが理想ですが、環境省熱
中症予防情報サイトの暑さ指数予報（https://www.wbgt.env.go.jp/
wbgt_data.php）で最寄りの気象官署における予報値や速報値を調べ
ることができます。ただし、気象官署での WBGT と職場での WBGT は異
なりますから、普段からどれくらい異なるのか調べておくことが勧め
られます。また、屋内で輻射熱が無視できる場合は、日本生気象学会
が示している気温（乾球温度）と相対湿度から WBGT を推定する表
（**図 5-1**）を参考にすることができます。

表5-5 身体作業強度等に応じた WBGT 基準値

区分	身体作業強度（代謝率レベル）の例	WBGT 基準値	
		暑熱順化者の WBGT 基準値 ℃	暑熱非順化者の WBGT 基準値 ℃
0 安静	安静、楽な座位	33	32
1 低代謝率	軽い手作業（書く、タイピング、描く、縫う、簿記）；手及び腕の作業（小さいベンチツール、点検、組立て又は軽い材料の区分け）；腕及び脚の作業（通常の状態での乗り物の運転、フットスイッチ及びペダルの操作）。立位でドリル作業（小さい部品）；フライス盤（小さい部品）；コイル巻き；小さい電機子巻き；小さい力で駆動する機械；2.5km/h 以下での平たん（坦）な場所での歩き。	30	29
2 中程度代謝率	継続的な手及び腕の作業［くぎ（釘）打ち、盛土］；腕及び脚の作業（トラックのオフロード運転、トラクター及び建設車両）；腕と胴体の作業（空気圧ハンマーでの作業、トラクター組立て、しっくい塗り、中くらいの重さの材料を断続的に持つ作業、草むしり、除草、果物及び野菜の収穫）；軽量な荷車及び手押し車を押したり引いたりする；2.5km/h〜5.5km/h での平たんな場所での歩き；鍛造	28	26
3 高代謝率	強度の腕及び胴体の作業；重量物の運搬；ショベル作業；ハンマー作業；のこぎり作業；硬い木へのかんな掛け又はのみ作業；草刈り；掘る；5.5km/h〜7km/h での平たんな場所での歩き。重量物の荷車及び手押し車を押したり引いたりする；鋳物を削る；コンクリートブロックを積む。	26	23
4 極高代謝率	最大速度の速さでのとても激しい活動；おの（斧）を振るう；激しくシャベルを使ったり掘ったりする；階段を昇る；平たんな場所で走る；7km/h 以上で平たんな場所を歩く。	25	20

注1 日本産業規格 JIS Z8504（熱環境の人間工学－ WBGT（湿球黒球温度）指数に基づく作業者の熱ストレスの評価－暑熱環境）附属書A「WBGT 熱ストレス指数の基準値」を基に、同表に示す代謝率レベルを具体的な例に置き換えて作成したもの。
注2 暑熱順化者とは、「評価期間の少なくとも1週間以前から同様の全労働期間、高温作業条件（又は類似若しくはそれ以上の極端な条件）にばく露された人」をいう。

表5-6　衣類の組合せにより WBGT 値に加えるべき着衣補正値 (℃ -WBGT)

組合せ	コメント	WBGT 値に加えるべき着衣補正値 (℃ –WBGT)
作業服（①）	織物製作業服で、基準となる組合せ着衣である。	0
つなぎ服（②）	表面加工された綿を含む織物製	0
単層のポリオレフィン不織布製つなぎ服（③）	ポリエチレンから特殊な方法で製造される布地	2
単層の SMS 不織布製のつなぎ服（④）	SMS はポリプロピレンから不織布を製造する汎用的な手法である。	0
織物の衣服を二重に着用した場合	通常、作業服の上につなぎ服を着た状態。	3
つなぎ服の上に長袖ロング丈の不透湿性エプロンを着用した場合（⑤）	巻付型エプロンの形状は化学薬剤の漏れから身体の前面及び側面を保護するように設計されている。	4
フードなしの単層の不透湿つなぎ服	実際の効果は環境湿度に影響され、多くの場合、影響はもっと小さくなる。	10
フード付き単層の不透湿つなぎ服（⑥）	実際の効果は環境湿度に影響され、多くの場合、影響はもっと小さくなる。	11
服の上に着たフードなし不透湿性のつなぎ服	—	12
フード	着衣組合せの種類やフードの素材を問わず、フード付きの着衣を着用する場合。フードなしの組合せ着衣の着衣補正値に加算される。	+1

注1　透湿抵抗が高い衣服では、相対湿度に依存する。着衣補正値は起こりうる最も高い値を示す。
注2　SMS はスパンボンド‐メルトブローン‐スパンボンドの3層構造からなる不織布である。
注3　ポリオレフィンは、ポリエチレン、ポリプロピレン、ならびにその共重合体などの総称である。

① つなぎ服（補正値＝0）

③-1　　　　　③-2　　　　　④

写真①　作業服（補正値＝0）
写真②　つなぎ服（補正値＝0）
写真③　単層のポリオレフィン不織布製*つなぎ服（補正値＝2、写真の例は
　　　　フード付きのため補正値＝3）
　　　　*フィルムラミネート加工の不織布やデュポン ™ タイベック ® など不織布素材のつな
　　　　ぎ服
写真④　単層の SMS 不織布製のつなぎ服
（写真提供①、②：ミドリ安全㈱、写真提供③-1：旭・デュポン フラッシュスパン プロダクツ㈱、
写真提供④、③-2：㈱重松製作所）

⑤-1　　　　　　　　　⑤-2

⑥-1　　　　　　　　　⑥-2

写真⑤　つなぎ服の上に長袖ロング丈の不透湿性エプロンを着用した場合
　　　　（補正値＝4）
写真⑥　フード付き単層の不透湿つなぎ服（フードなしの場合は補正値＝
　　　　10、写真の例はフード付きのため補正値＝11）

（写真提供⑤-1、⑥-1：旭・デュポン フラッシュスパン プロダクツ㈱、写真提供⑤-2、⑥-2：㈱
重松製作所）

相対湿度（%）

気温（℃）

気温＼湿度	20	25	30	35	40	45	50	55	60	65	70	75	80	85	90	95	100
40	28	29	30	31	32	33	34	34	35	36	36	37	38	38	39	39	40
39	27	28	29	30	31	32	33	33	34	35	35	36	37	37	38	38	39
38	27	28	29	29	30	31	32	33	33	34	35	35	36	36	37	37	38
37	26	27	28	29	29	30	31	32	32	33	34	34	35	35	36	36	37
36	25	26	27	28	29	29	30	31	31	32	33	33	34	34	35	35	36
35	24	25	26	27	28	28	29	30	30	31	32	32	33	33	34	34	35
34	24	25	25	26	27	28	29	30	30	31	31	32	32	33	34	34	34
33	23	24	25	25	26	27	27	28	29	29	30	30	31	31	32	33	33
32	22	23	24	24	25	26	26	27	28	28	29	29	30	31	31	32	32
31	21	22	23	24	24	25	26	26	27	27	28	29	29	30	30	31	31
30	21	21	22	23	23	24	25	25	26	26	27	28	28	29	29	30	30
29	20	21	21	22	23	23	24	24	25	26	26	27	27	28	28	29	29
28	19	20	21	21	22	22	23	24	24	25	25	26	26	27	27	28	28
27	18	19	20	20	21	22	22	23	23	24	24	25	25	26	26	27	27
26	18	18	19	20	20	21	21	22	22	23	23	24	24	25	25	26	26
25	17	17	18	19	19	20	20	21	21	22	22	23	23	24	24	25	25
24	16	17	17	18	18	19	19	20	20	21	21	22	22	23	23	24	24
23	15	16	16	17	18	18	19	19	20	20	21	21	22	22	23	23	23
22	15	15	16	16	17	17	18	18	19	19	20	20	21	21	22	22	22
21	14	14	15	15	16	16	17	17	18	18	19	19	20	20	21	21	21

WBGT による温度基準域

危険　31℃以上
厳重警戒　28℃以上 31℃未満
警戒　25℃以上 28℃未満
注意　25℃未満

【注意】この図は「日射のない室内専用」です。屋外では使用できません。また、室内でも日射や発熱体のある場合は使用できません。そのような環境では、黒球付き WBGT 測定器等を用いて評価して下さい。

図 5-1　室内用の WBGT 簡易推定図

（日本生気象学会「日常生活における熱中症予防指針」Ver.4　2022 より）

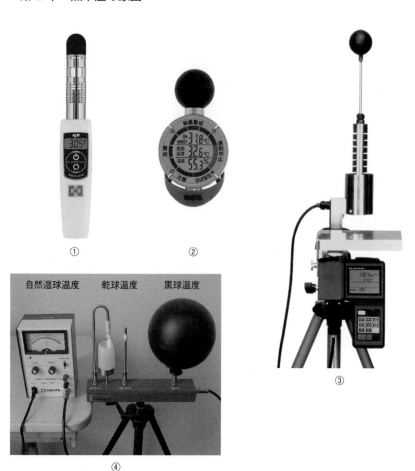

写真①②　簡易に計れる WBGT 計
写真③　データロガー付 WBGT 計
写真④　WBGT計で、自然湿球温度、黒球温度の仕組みがみえる
（①③写真提供：京都電子工業㈱、②写真提供：タニタ㈱、④写真提供：柴田科学㈱）

5　温熱指標の ISO 規格

　ISO（国際標準化機構）は、温熱環境に関するさまざまな指標の規格を公表しています（**表5-7**）。このうち、ISO 7243：2017（JIS Z

8504）は、暑熱環境における労働者の熱ストレスを WBGT（湿球黒球温度＝暑さ指数）によって評価するための基準として示されています。その附属書A「WBGT 熱ストレス指数の基準値表」は、作業強度を体表面積当たりの仕事率（W／m²）で 5 つに区分し、強度の高い作業については暑熱な環境に「慣れている人」と「慣れていない人」にさらに区分して、作業者の直腸温が 38℃を超えないようにするための限界値を示しています。なお、この値は、熱中症予防通達に「身体作業強度等に応じた WBGT 基準値」（**表 5-5**）として採用されています。

表 5-7　暑熱環境に関連する ISO の基準

ISO 7243：2017 Ergonomics of the thermal environment – Assessment of heat stress using the WBGT (wet bulb globe temperature) index
　　　　　温熱環境の人間工学－WBGT（湿球黒球温度）指数を用いた熱ストレス評価

ISO 7726：1998 Ergonomics of the thermal environment – Instruments for measuring physical quantities
　　　　　温熱環境の人間工学－熱環境物理量測定のための機器と方法

ISO 7730：2005 Ergonomics of the thermal environment – Analytical determination and interpretation of thermal comfort using calculation of the PMV and PPD indices and local thermal comfort criteria
　　　　　温熱環境の人間工学－PMV と PDD 指標の算出による温熱快適性の分析と解釈および局所快適性基準

ISO 7933：2004 Ergonomics of the thermal environment – Analytical determination and interpretation of heat stress using calculation of the predicted heat strain
　　　　　温熱環境の人間工学－暑熱負荷予測指標の計算による暑熱ストレスの解析

ISO 8996：2021 Ergonomics of the thermal environment – Determination of metabolic rate
　　　　　温熱環境の人間工学－代謝熱産生量の算定法

ISO 9886：2004 Ergonomics – Evaluation of thermal strain by physiological measurements
　　　　　生理学的測定に基づく温熱負荷の評価

ISO 9920：2007 Ergonomics of the thermal environment – Estimation of thermal insulation and water vapour resistance of a clothing ensemble
　　　　　温熱環境の人間工学－着衣の断熱性と湿性熱抵抗の評価

○ ISO 7730 は、快適な温熱環境を評価するために、PMV（predicted mean vote）は、事務所などにおける人々の不快の程度を、気温、湿度、気流、輻射、着衣量、代謝量の 6 要素を総合して評価する指標を規定しています。温冷感を +3「暑い」〜-3「寒い」までの 7 段階で予測し、PMV=0 では 95％の人が快適で、-0.5 ＜ PMV ＜＋ 0.5 の範囲

では 90％の人が快適となります。

○ ISO 7933 は、まず、身体が蓄熱しないために必要な体表面での水分の蒸発量を計算して求め、次に、そのために必要な発汗率を求め、一方で、身体の状態から最大限に可能な発汗の速度から予想した水分損失の限界に到達する時間とそれでも身体が蓄熱していく速度から予想した体温の限界に到達する時間のうち短いほうを許容時間として示すというモデルです。暑熱に順化した作業者と順化していない作業者に分け、注意レベルと危険レベルの両水準を示しています。

○ ISO 9886 は、生理的指標（核心温、皮膚温、心拍数、体重減少量）について規定しています。核心温として、直腸温、膀胱温、口腔温、食道温、胃内温、鼓膜温、尿温が測定されます。直腸温や膀胱温は腹腔内の臓器の温度を反映し、食道温は心臓の血液の温度を反映し、鼓膜温は頭蓋内の温度を反映する指標です。直腸温、膀胱温、食道温は熱電対やサーミスタで測定します。鼓膜温を赤外線センサーで測定する際は、外耳道の屈曲を直線的に伸ばして測定します。

○ ISO 9920 は、衣服の熱抵抗（clo、クロ）値について規定しています。1clo は、気温 21℃、相対湿度 50％以下、気流 10cm/s 以下の環境で、安静座位の成人男子が暑くも寒くもなくちょうど良いと感じる衣服の熱抵抗と定義されていて、物理量としては 0.155m² ℃/W に相当します。

6　日本産業衛生学会の許容基準

　日本産業衛生学会は、高温の許容基準を勧告しています。現在の勧告は、1982 年に、WBGT と修正実効温度（CET）換算値を用いて、作業強度をエネルギー代謝率（RMR）で５つに区分し、「高温熱環境に適応

表５-8　日本産業衛生学会の高温の許容基準

作業の強さ	代謝エネルギー (kcal ／時)	許容温度条件（℃）	
		WBGT	CET 換算値
RMR 1 以下（極軽作業）	<130	32.5	31.6
RMR 2 以下（軽作業）	<190	30.5	30.0
RMR 3 以下（中等度作業）	<250	29.0	28.8
RMR 4 以下（中等度作業）	<310	27.5	27.6
RMR 5 以下（重作業）	<370	26.5	27.0

RMR（Relative Metabolic Rate）
＝（労作時のエネルギー消費量−安静時のエネルギー消費量）／基礎代謝量
CET（修正実効温度）＝ 0.786×WBGT＋6.0

し作業に習熟した健康な成年男性作業者が、夏季の普通の作業服装をして適当の水分・塩分を補給しながら作業する時、継続 1 時間作業および断続 2 時間作業を基本として、健康で安全にかつ能率の低下をきたすことのない工場・鉱山などの作業場の温熱条件」として示されています（**表 5-8**）。作業における動作ごとの RMR については**表 5-9**が示されています。継続作業では 1 時間ごとの作業で最も高い温熱にばく露される条件で評価し、断続作業では 2 時間ごとの加重平均で求めた温熱の条件で評価することになります。

表 5-9　動作別の RMR の分類（抄）（日本産業衛生学会）

主な動作部位	動かし方	RMR	作業例
手先	機械的に動かす	0-0.5	電話応対（座位）0.4、記帳 0.5 計器監視（座位）0.5
	意識的に動かす	0.5-1.0	自動車運転 1.0
手先の動作が上肢まで及ぶ	手先の動きが前腕まで及ぶ	1.0-2.0	旋盤（ベアリング　0.83分／個）1.1 監視ボタン操作（立位）1.2 平地歩行ゆっくり（45m／分）1.5
	手先の動きが上腕まで及ぶ	2.0-3.0	平地歩行普通（71m／分）2.1 平地歩行速歩（95m／分）3.5
上肢	普通の動かし方	3.0-4.0	自転車（平地 170m／分）3.4
	動作が比較的大きく力も入る	4.0-5.5	荒のこ 5.0
全身 （抱き上げる、まわす、引く、押す、投げる、上下動、かきよせる）	普通の動かし方	5.5-6.5	ショベル（6kg、18 回／分）6.5 階段歩行（昇り 45m／分）6.5 階段歩行（降り 50m／分）2.6
	動作が比較的大きく力を平均に入れる	6.5-8.0	ハンマー（6.8kg、26 回／分）7.8
	とくに瞬間的に全身に力を集中する	8.0-9.5	積み上げ（15kg、10 回／分）9.0
全身（同上） 職業的重筋労働者たとえば、土建労働者の作業	激しい作業ではあるが心でいくらかゆとりがあるある時間は続けられる	10.0-12.0	つるはし（コンクリート破り）10.5 ショベル（72 回／分）11.0
	全身に力を集中し 1 分以内しか耐えられない	12.0-	ハンマー（4.5kg、29 回／分）19.3

7　アメリカ産業衛生専門家会議（ACGIH）のばく露限界

　アメリカ産業衛生専門家会議（ACGIH）は、高温ストレスの許容限界を勧告しています。現在の勧告は、「夏用の軽い作業服（約0.6clo）（clo：クロ、衣服の熱抵抗）を着用し、暑さに順応し、適度に飲水し、健康なほとんどすべての労働者が、その条件にくり返しばく露されながら働いても健康上差し支えないと考えられる高温ストレスの限界」をTLVという指標で、また、暑熱順化をしていない労働者を含めて保護するために対策を講じるべき値をアクションリミットという指標で、身体活動の代謝率および作業と休憩の割合ごとに示しています（**表5-10**）。また、作業で着用する衣服に応じた補正値も示しています（表5-6、66頁）。

表5-10　ACGIHのTLVsとアクションリミット（2022年）

作業と休憩の割合	WBGT（℃）							
	TLV				アクションリミット			
	軽度	中等度	重度	最重度	軽度	中等度	重度	最重度
75%-100%	31.0	28.0	－	－	28.0	25.0	－	－
50%- 75%	31.0	29.0	27.5	－	28.5	26.0	24.0	－
25%- 50%	32.0	30.0	29.0	28.0	29.5	27.0	25.5	24.5
0%- 25%	32.5	31.5	30.5	30.0	30.0	29.0	28.0	27.0

作業の例（体重70kgの者の代謝率）
軽度（180W）　：座位で軽度の手・上肢の作業、運転、立位で軽度の手作業と時々の歩行
中等度（300W）：継続した中等度の上肢作業、中等度の手と下肢・体幹の作業、通常の歩行
重度（415W）　：強度の手と体幹の作業、運搬、掘る、のこ引き、速いペースでの歩行
最重度（520W）：最大ペースでの非常に強い活動
作業と休憩の割合：1作業サイクル中の作業時間の割合

第6章
熱中症のリスクアセスメント

1 リスクアセスメント

安全衛生の分野におけるリスクアセスメントとは、

① 危険有害要因ごとに、健康障害を生じる可能性がある危険有害性をハザードとして特定し (hazard identification)

② ハザードによって生じる健康障害の重篤度とそれに労働者がばく露される程度からリスクの大きさを見積もり (risk estimation)

③ リスクを総合的に評価して健康障害が発生するおそれの程度を判定して (risk evaluation)

④ そのリスクを低減するための措置を優先順位に従って行う (risk reduction)

という概念です。

　リスクがゼロになることはほとんどなく、一部のリスクが残ります。そこで、このリスクアセスメントを定期的に繰り返すことによって、健康障害が発生するリスクを許容できる水準まで低減することが期待されています。この考え方は、英国で確立され、現在、わが国においては労働安全衛生法第 28 条の 2 に基づくリスクアセスメント指針（平成 18 年 3 月 10 日付け公示第 1 号）が示されています。労働衛生の分野では、化学物質に関するリスクアセスメント指針（平成 27 年 9 月 18 日付け指針公示第 3 号）が先行して普及しつつありますが、暑熱にもリスクアセスメントの考え方を導入することができます。そこで、暑熱に関するリスクアセスメントの例を示します。

2　ハザードの特定

　リスクアセスメントでは、まず、職場において、熱中症のリスクとなり得る暑熱に関するハザードがあるかどうかを特定します。ここでは、漏れなく特定できるように、職場巡視や各職場への聞き取りなどを通じて、①暑熱な環境、②高負荷の作業、③高負荷の衣服という3つの項目に大別して、熱中症のリスクとなり得る状態（**表6-1**）がないかを探索します。職場において、温度や湿度が高くないか、作業強度が大きく連続作業時間が長くないか、衣服の通気性や透湿性が低く呼吸用保護具を着用していないかについて検討します。

表6-1　熱中症のリスクアセスメントで検討すべきハザード

①暑熱な環境	温度が高いこと 湿度が高いこと 気流がないこと、または、暖かい湿った気流があること 輻射熱（＝太陽光、炉、高温物体からの放射熱）があること
②高負荷の作業	作業強度が大きいこと 連続作業時間が長く、休憩を取りにくいこと 水分やナトリウムの補給をしにくいこと
③高負荷の衣服	衣服の通気性や透湿性が悪いこと 衣服の吸熱性や保熱性が高いこと 安全衛生保護具を着用していること

3　リスクの見積り

　リスクアセスメントでは、次に、特定した温熱環境、作業の身体負荷、服装について熱中症のリスクが大きいかどうかを見積もります。リスクアセスメントの基本的な手順は**図6-1**のとおりです。

　温熱環境を WBGT で評価し、作業強度や連続作業時間等も考慮した ISO の規格や学術団体の基準に基づく評価が可能な場合は、その結果

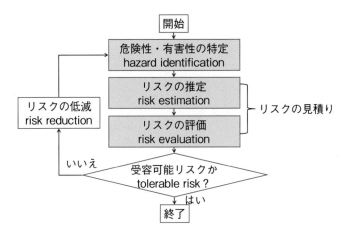

図6-1　リスクアセスメント等の基本的な手順

（英国安全衛生庁（HSE）より）

を次の**表6-2**の「総合リスクレベル」の表に当てはめて、「軽少」、「許容」、「注意」、「警戒」、「危険」のレベルを決めることができます。

　ISOや学術団体の基準によって評価できない場合は、大まかなカテゴリーに分類して評価するコントロール・バンディングの手法を応用して評価します。次の①温熱環境レベル、②作業レベル、③衣服レベルの3つのレベルに分けてリスクを見積もります。

① 　温熱環境レベル

　　a)　WBGT（Wet Bulb Globe Temperature、湿球黒球温度）を測定している場合、次の**表6-3**から温熱環境レベルの評価をします。環境省熱中症予防情報サイトが公表している暑さ指数の予測値や実況値を利用する際は、最寄の気象官署における値と現場での実測地との差を確認し、その値を加減することによって推定します。

　　b)　気温と湿度を測定している場合

　　　　日本生気象学会の日常生活における熱中症予防のための指針に収載されている図5-1（69頁）からWBGTを推定して、上記a)に準じた評価を行います。

なお、この図は輻射熱を考慮していませんので、職場が屋外で太陽光の照射がある場合または炉や高温物体がある場合は、1レベル引き上げます。

c)　気温のみを測定している場合

WBGT（℃）　=　気温（℃）－　3（℃）

で計算して、左頁の a）に準じた評価を行います。

表6-2　総合リスクレベル*

軽少	作業中はほぼ継続して、ISO 7243 の順化していない者の基準値、ACGIH のアクションリミット以下の場合
許容	作業中はほぼ継続して、ISO 7243 の順化している者の基準値、ACGIH の TLV、日本産業衛生学会の許容基準値以下の場合
注意	作業中は、ISO 7243 の順化している者の基準値、ACGIH の TLV、日本産業衛生学会の許容基準値を超えることがあるが、平均するとそれ以下の場合
警戒	作業中は、ISO 7243 の順化している者の基準値、ACGIH の TLV、日本産業衛生学会の許容基準値を下回ることがあるが、平均するとそれを超える場合
危険	作業中はほぼ継続して、ISO 7243 の順化している者の基準値、ACGIH の TLV、日本産業衛生学会の許容基準を超える場合

*ISO 7243（表5-5、65 頁）、ACGIH の TLV（表5-10、74 頁）、日本産業衛生学会（表5-8、72 頁）の複数の基準で評価した場合は、ACGIH、次に ISO 7243 の結果を優先する。

表6-3　温熱環境レベル

WBGT 値	温熱環境
25 未満	作業中で最も暑い2時間の平均が 25℃未満
25 以上	作業中で最も暑い2時間の平均が 25℃以上
28 以上	作業中で最も暑い2時間の平均が 28℃以上
31 以上	作業中で最も暑い2時間の平均が 31℃以上

② 作業レベル

作業レベルについては、表 5-9（73 頁）や表 9-5（143 頁）を参考にして身体負荷を推定して、**表 6-4** を使い作業の負荷について判断します。ここで METs（Metabolic Equivalents）とは身体活動の強度を表す単位で、身体活動によるエネルギー消費量が安静時のエネルギー消費量の何倍にあたるかで示します。また、RMR（Relative Metabolic Rate）は同様に、身体活動によるエネルギー消費量と安静時のそれとの差が基礎代謝量の何倍にあたるかを示します。安静時に基礎代謝量の 1.2 倍のエネルギーを消費すると仮定すれば次の式が成り立ちます。

$$RMR = (METs - 1) \times 1.2$$

③ 衣服レベル

衣服については、**表 6-5** を参考に判断します。

表 6-4　作業レベル

座作業	平均して 2 METs（RMR=1.2）未満の身体負荷の場合（座作業）
歩　行	平均して 2 METs（RMR=1.2）以上の身体負荷の場合（歩行程度の作業）
速　歩	平均して 4 METs（RMR=3.6）以上の身体負荷の場合（速歩程度の作業）
階段昇降	平均して 6 METs（RMR=6.0）以上の身体負荷の場合（階段昇降程度の作業）
重作業	平均して 8 METs（RMR=8.4）以上の身体負荷の場合（会話をしながらでは不可能な作業）

表6-5　衣服レベル＊＊

軽　装	薄手の半そで作業着と長ズボンに相当する衣服（夏季に使用する軽装の作業着）
一般服	薄手の長そで作業着と長ズボンに相当する衣服（夏季に使用する一般の作業着）
正　装	厚手の長そで上着と長ズボンに相当する衣服（背広での正装と同等の服装）
化学防護服	水蒸気を通す素材の化学防護服に相当する服装
気密服	水蒸気を通さない素材の化学防護服に相当する服装

＊＊冷却方式を用いない防じんマスクや防毒マスク等の呼吸用保護具を使用している場合は、１ランク上げます。また、いわゆる吸湿速乾の衣服である場合は、長そでであっても半そでに相当するものとします。

4　リスクの判定

　リスクアセスメントでは、次に、温熱環境レベル、作業レベル、衣服レベルの３つを組み合わせて、熱中症のリスクが大きいかどうかを判定します。

　「軽少なリスク」から「耐えられないリスク」までの５段階のリスクレベルで評価を行います。リスクレベルⅠ～Ⅴの意味は概ね表6-2の総合リスクレベルに対応しています。

リスクレベルⅠ	軽少なリスク	（軽少）
リスクレベルⅡ	許容できるリスク	（許容）
リスクレベルⅢ	中程度のリスク	（注意）
リスクレベルⅣ	大きなリスク	（警戒）
リスクレベルⅤ	耐えられないリスク	（危険）

　まず、「作業レベル」と「衣服レベル」のリスクの見積り結果を組み合わせてリスクレベルを判定します。次に、その結果と「温熱環境レベル」の結果を組み合わせてリスクレベルの判定をします。

　まず、衣服レベル（表6-5）を縦軸におき、作業レベル（表6-4）を

横軸において衣服・作業レベルを判定します。「座作業」で「軽装」または「一般装」であれば、「1」となります。また、「重作業」であれば「軽装」でない限り「5」という評価になります。

衣服・作業レベル

衣服	作業				
	座作業	歩行	速歩	階段昇降	重作業
軽　装	1	1	2	3	4
一般服	1	2	3	4	5
正　装	2	3	4	5	5
化学防護服	3	4	5	5	5
気密服	5	5	5	5	5

次に、この結果と温熱環境レベル（表6-3）を組み合わせてリスクレベルを判定します。

リスク判定

衣服・作業	WBGT			
	25 未満	25 以上	28 以上	31 以上
1	I	I	II	III
2	I	II	III	IV
3	II	III	IV	V
4	III	IV	V	V
5	V	V	V	V

なお、職場や作業の条件として次の事項が存在する場合には、リスクレベルを1段階引き上げます。

・暑熱な作業を直前の1週間に実施していなかった場合
・1時間を超える連続作業で、作業者の判断で小休止を取ることが難しい場合
・職場に水分・塩分（ナトリウム）が準備されていない場合
リスクが「I」または「II」の小さいほうの2つのレベルに該当し

ていれば、学術団体の基準から、通常、ほとんどの労働者が熱中症を
発症することはないと考えてよいでしょう。リスクが大きいほうの
「Ⅲ」から「Ⅴ」の３つのレベルであれば、熱中症を発症する可能性
が高いと考えられますのでリスク低減対策を実施することが強く勧め
られます。

5　リスクの低減対策

　リスクアセスメントでは、リスク判定の結果がリスクレベル「Ⅱ」
以下まで低減されるように、可能な対策を実施することが大切です。
リスクレベルに応じて、作業環境の改善、作業の改善、休憩時間・休
憩方法の改善、個人要因への配慮、順化期間の設定を実施します。

　なお、法的に定められている措置は、リスクレベルに関係なく実施
します。

　また、次の事項はすべてのレベルに共通する原則です。

①　職場における温熱環境は、できるだけ快適になるように管理す
　　ること。

②　リスクレベルⅢ以上でリスク低減対策を行った場合は、翌作業
　　日に再度リスクアセスメントを行い、その結果がリスクレベルⅡ
　　以下になっているかを確認すること。Ⅲ以上の場合は、引き続き
　　リスクレベルに応じたリスク低減対策を実施すること。

③　熱中症の発生しやすさには個人差が関係することを理解し、い
　　ずれのリスクレベルにおいても、外耳道温・舌下温・鼓膜温・尿
　　温のいずれかが 38.5℃以上（腋下温が 38.0℃以上）の場合や熱
　　中症を疑う自覚症状を認めた場合は、すぐに医師に相談する。ま
　　た、体重減少・脱水（概ね体重の 1.5%以上）を認めた場合、心
　　拍数が 120 以上を継続する場合または大量の発汗が継続する場合
　　は、暑さへのばく露を中止させる。

リスクレベルごとの対応は次のとおりです。

　リスクレベルが高い「Ⅲ」、「Ⅳ」、「Ⅴ」に該当する場合は、実際には日々刻々と変化する熱中症のリスクレベルについて継続的に評価するために作業の継続的監視等を行います。

　さらに、最もリスクレベルが高い「Ⅴ」に該当する場合は、熱中症の発生を早期に検出することが重要ですから、なるべく労働者の体温測定も実施します。

（a）　リスクレベルⅠ＝軽少なリスクへの対応

作業環境の改善	○温度、湿度、気流、輻射などの作業環境を維持するように努める。
作業の改善	○作業の位置、身体的な負荷、連続作業時間、服装、保護具が快適なものになるよう努める。
休憩時間・休憩方法の改善	○直射日光が当たらず風通しのよい休憩場所において、労働者に休憩を取らせ、水分とナトリウムの補給を促す。
個人要因への配慮	○自律神経影響薬（パーキンソン病治療薬、抗てんかん薬、抗うつ薬、抗不安薬、睡眠薬、抗不整脈薬など）を内服している者および塩分摂取を制限されている者（高血圧、腎不全、心不全など）、甲状腺の疾病がある者は、産業医または主治医の意見を求め、それに従う。

（b）　リスクレベルⅡ＝許容できるリスクへの対応

自覚症状の調査等	○作業を定期的に監視し、休憩時間に入るごとに労働者の自覚症状を調査する。
作業環境の改善	○温度、湿度、気流、輻射を改善して、リスクレベルをⅠ以下に低減するよう努める。
作業の改善	○作業の位置、身体的な負荷、連続作業時間、服装、保護具を改善して、リスクレベルをⅠ以下に低減するよう努める。
休憩時間・休憩方法の改善	○直射日光が当たらず風通しのよい休憩場所において、労働者に休憩を取らせ、水分とナトリウムの補給を促す。
個人要因への配慮	○作業開始前に、食事を摂取していること、下痢や脱水状態がないこと、睡眠が不足していないことを確認し、いずれかに問題がある労働者は、作業を継続的に監視する。 ○自律神経影響薬（パーキンソン病治療薬、抗てんかん薬、抗うつ薬、抗不安薬、睡眠薬、抗不整脈薬など）を内服している場合、塩分摂取を制限されている者（高血圧、腎不全、心不全など）、甲状腺の疾病がある者は、産業医または主治医の意見を求め、それに従う。これらの者のうち主治医または産業医の意見を求めていない者はなるべくリスクレベルⅡの作業に従事させない。

（c）　リスクレベルⅢ＝中程度のリスクへの対応

作業の継続的監視等	○作業を継続的に監視するように努め、休憩時間に入るごとに労働者の自覚症状および心拍数を調査する。
作業環境の改善	○熱、直射日光、照り返しを遮る屋根、通風、冷房、除湿の設備を設置するなどの方法により、温度、湿度、気流、輻射などの作業環境を改善して、リスクレベルをⅡ以下に低減するよう努める。
作業の改善	○作業の位置、身体的な負荷、連続作業時間、服装、保護具を改善して、リスクレベルをⅡ以下に低減するよう努める。
休憩時間・休憩方法の改善	○直射日光が当たらず風通しのよい休憩場所において、労働者に休憩を取らせ、水分とナトリウムの補給を促す。
個人要因への配慮	○作業開始前に、食事を摂取していること、下痢や脱水状態がないこと、睡眠が不足していないことを確認し、いずれかに問題がある労働者は、原則としてリスクレベルⅢの作業に従事させない。 ○年齢が高い場合、肥満（概ね体脂肪率 30％以上）である場合は、継続的な監視ができないようなリスクレベルⅢの作業になるべく従事させない。 ○自律神経影響薬（パーキンソン病治療薬、抗てんかん薬、抗うつ薬、抗不安薬、睡眠薬、抗不整脈薬など）を内服している場合、塩分摂取を制限されている者（高血圧、腎不全、心不全など）、甲状腺の疾病がある者は、産業医または主治医の意見を求め、それに従う。これらの者のうち主治医または産業医の意見を求めていない者はなるべくリスクレベルⅢの作業に従事させない。

（d）　リスクレベルⅣ＝大きなリスクへの対応

労働者の心拍数の測定および作業の継続的監視等	○作業を継続的に監視し、休憩時間に入るごとに労働者の自覚症状および心拍数を調査する。
作業環境の改善	○熱、直射日光、照り返しを遮る屋根、通風、冷房、除湿の設備を設置するなどの方法により、温度、湿度、気流、輻射などの作業環境を改善して、リスクレベルをⅢ以下に低減するように努める。
作業の改善	○作業の位置、身体的な負荷、連続作業時間、服装、保護具を改善して、リスクレベルをⅢ以下に低減するように努める。
休憩時間・休憩方法の改善	○臨時の休憩時間を設定し、空調によって 24〜26℃程度の気温に冷却した休憩室において、労働者に休憩を取らせ、水分とナトリウムの補給を促す。 ○空調が設置されていない休憩室においては、扇風機や水ミストの噴射装置を利用したり風通しのよい日陰を確保したりして、労働者に水をかぶらせるなどの方法によって、体温を下げられるように努める。
個人要因への配慮	○作業開始前に、食事を摂取していること、下痢や脱水状態がないこと、睡眠が不足していないことを確認し、いずれかに問題がある労働者は、リスクレベルⅣの作業に従事させない。 ○年齢が高い場合または肥満（概ね体脂肪率30％以上）である場合は、なるべくリスクレベルⅣの作業に従事させない。 ○自律神経影響薬（パーキンソン病治療薬、抗てんかん薬、抗うつ薬、抗不安薬、睡眠薬、抗不整脈薬など）を内服している場合、塩分摂取を制限されている者（高血圧、腎不全、心不全など）、甲状腺の疾病がある者は、産業医または主治医の意見を求め、それに従う。これらの者のうち主治医または産業医の意見を求めていない者はなるべくリスクレベルⅣの作業に従事させない。
順化期間の設定	○リスクレベルⅣまたはⅤの作業に7日間以上従事させていない労働者については、作業開始後3日間は、当該作業に連続して従事する時間を他の労働者よりも短縮する。

（e）　リスクレベルⅤ＝耐えられないリスクへの対応

労働者の体温等の測定および作業の継続的監視等	○休憩時間に入るごとに労働者の自覚症状、体温、体重および心拍数を測定する。 ・鼓膜温・口内温・舌下温・尿温のいずれかが 38.5℃未満（または腋下温が 38.0℃未満）である場合は、暑熱作業を継続してよいが、休憩時間に入るごとに労働者の自覚症状や体重を調査し、作業を継続的に監視する。
作業環境の改善	○熱、直射日光、照り返しを遮る屋根、通風、冷房、除湿の設備を設置するなどの方法により、温度、湿度、気流、輻射などの作業環境を直ちに改善して、リスクレベルをⅣ以下に低減するように努める。
作業の改善	○作業の位置、身体的な負荷、連続作業時間、服装、保護具を改善して、リスクレベルをⅣ以下に低減するように努める。
休憩時間・休憩方法の改善	○臨時の休憩時間を少なくとも 1 時間ごとに設定し、空調によって 24～26℃の気温に冷却した休憩室において、労働者に休憩を取らせ、水分とナトリウムの補給を促す。 ○空調が設置されていない休憩室においては、扇風機や水ミストの噴射装置を利用したり風通しのよい日陰を確保したりして、労働者に水をかぶらせるなどの方法によって、直ちに体温を下げられるように努める。
個人要因への配慮	○作業開始前に、食事を摂取していること、下痢や脱水状態がないこと、睡眠が不足していないことを確認し、いずれかに問題がある労働者は、リスクレベルⅤの作業に従事させない。 ○年齢が高い場合または肥満（概ね体脂肪率30％以上）である場合は、原則としてリスクレベルⅤの作業に従事させない。 ○自律神経影響薬（パーキンソン病治療薬、抗てんかん薬、抗うつ薬、抗不安薬、睡眠薬、抗不整脈薬など）を内服している場合、塩分摂取を制限されている者（高血圧、腎不全、心不全など）、甲状腺の疾病がある者は、産業医または主治医の意見を求め、それに従う。これらのうち主治医または産業医の意見を求めていない者は原則としてリスクレベルⅤの作業に従事させない。

順化期間の設定	○リスクレベルⅣまたはⅤの作業に7日間以上従事させていない労働者については、作業開始後3日間は、当該作業に連続して従事する時間を半分以下として、休憩時間を少なくとも30分ごとに設定する。

6　健康リスクアセスメント

　実際の現場では、実施可能なすべてのリスク低減措置を実施しても許容できるリスクの水準（リスクレベルⅡ）までリスクを低減できないことがあります。その際に、仕方ないと諦めて、リスクがなくなったかのように思い込むことは禁物です。衛生管理者、管理監督者、作

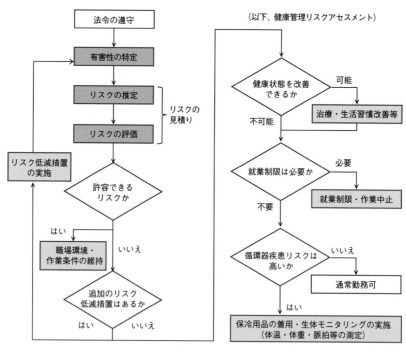

図6-2　健康リスクアセスメントの手順

業者、経営者などが熱中症の残留リスクが存在することをきちんと認識し、継続的な課題としてリスク低減に取り組むとともに、労働者ごとの健康管理を徹底して熱中症の発生を予防するよう努めることが不可欠です。その手続きをここでは「健康リスクアセスメント」と呼び、図6-2のように整理して検討します。

　「健康リスクアセスメント」は、労働者ごとに、一般健康診断の結果から治療や生活習慣の改善が勧奨されている場合は、それらを実施するよう促します。産業医等の職場や作業の実態をよく知る医師が本人の就業適性を判断した結果、暑熱な場所での作業の一部または全部を制限する必要があると判定した場合は、本人に説明したうえで管理監督者や人事担当者が相談して、人事的な対応を検討します。また、医師が必要と認めた場合は、作業前、休憩時間中、作業後あるいは作業中に生体モニタリングとして体温・体重・脈拍を測定します。そのためには、暑熱作業のある事務所や休憩場所などに体温計、体重計、血圧計などを備えておく必要があります。生体モニタリングの結果、次のような結果が出た場合は、当日の作業を中止させ、それぞれの測定結果が作業前の状態に戻るまで水分等を摂取させながら休憩させそれぞれの測定結果が作業前の状態に戻るまで休憩を取らせる必要があります。

体温を測定した結果	→外耳道温、鼓膜温、舌下温で38.5℃を超える場合、腋下温で38.0℃を超える場合
体重を測定した結果	→作業開始前より、1.5%を超えて体重が減少している場合
脈拍を測定した結果	→1分間の心拍数が、数分間継続して、180から年齢を引いた値を超える場合

第7章
熱中症の予防

1 作業環境管理

(1) 熱中症予防通達による指導

　熱中症予防通達「職場における熱中症予防基本対策要綱（令和3年4月20日付け基発0420第3号）」は、WBGT基準値を示しています（表5-4、表5-5、63頁、65頁）。そして、この値を超えるおそれがある場合に実施すべき作業環境管理の内容を次のように指導しています。この中で作業場所には、遮光、通風、冷房、除湿を行うことが勧奨され、休憩場所には、臥床、冷水浴、飲水などの設備を整備することが勧奨されています。

---

　① WBGT値の低減等

　次に掲げる措置を講ずること等により当該作業場所のWBGT値の低減に努めること。

　　ア　WBGT基準値を超え、又は超えるおそれのある作業場所（以下単に「高温多湿作業場所」という。）においては、発熱体と労働者の間に熱を遮ることのできる遮へい物等を設けること。

　　イ　屋外の高温多湿作業場所においては、直射日光並びに周囲の壁面及び地面からの照り返しを遮ることができる簡易な屋根等を設けること。

　　ウ　高温多湿作業場所に適度な通風又は冷房を行うための設備を設けること。また、屋内の高温多湿作業場所における当該設備は、除湿機能があることが望ましいこと。

　　　なお、通風が悪い高温多湿作業場所での散水については、散水

後の湿度の上昇に注意すること。

② 休憩場所の整備等

労働者の休憩場所の整備等について、次に掲げる措置を講ずるよう努めること。

ア 高温多湿作業場所の近隣に冷房を備えた休憩場所又は日陰等の涼しい休憩場所を設けること。また、当該休憩場所は、足を伸ばして横になれる広さを確保すること。

イ 高温多湿作業場所又はその近隣に氷、冷たいおしぼり、水風呂、シャワー等の身体を適度に冷やすことのできる物品及び設備を設けること。

ウ 水分及び塩分の補給を定期的かつ容易に行えるよう高温多湿作業場所に飲料水などの備付け等を行うこと。

(2) 気温

ア 熱源の除去

熱中症を予防する対策として、最初に検討しなければならないことは、作業者がいる場所の暑さを改善することです。

まず、暑さの原因を取り除くことを検討します。あらゆる発熱源を洗い出して、除去、密閉、隔離、縮小することを検討します。実際には難しいことが多いと思われます。そこで、電気炉から事務機器に至るまで電気機器は通電しているだけで熱源になりますので、電源をこまめに切ります。節電の仕組みを備えた電気機器を使用したり、白熱球を LED 電球に取り替えたりするなどの対策も検討します。

次に、熱源を取り除くことができなくても、熱が作業者に伝わらないようにします。屋外では、太陽光が暑熱の原因になりやすいので、屋根、庇、テント、遮光パネル等で日陰ができるよう工夫します（次頁、**写真①**）。その際、風を遮らないように注意します。また、建物そのものが暑くなるのを防ぐ工夫として、屋上やベランダに植物を植

えたり、建物外壁に熱交換塗料（熱を吸収する粒子を含ませた塗料）を塗布することも検討します。

　屋内では、機器類の熱源と作業者の居場所との間に間仕切りを設置します。大型の電気機器はなるべく遠隔化したり、作業者が運転室から操作したりできるようにします。プリンタ、プロジェクタなども事務作業者が座っている場所から離します。その際、機器本体の過熱を防ぐためのファンの熱風が作業者に直接当たらないように配慮します。

イ　空調の利用

　空調（エアコン）や除湿機を使用して、作業者がいる場所の温熱環境を快適化します。広い工場でも、小部屋や仕切りを設けて、空調を設置したりスポットクーラー（**写真②**）や大型換気扇をかけたりします。その際、エアコンの室外機やスポットクーラーの排気口から排出される熱風が別の作業者のいるところに還流しないように注意します。屋外では、扇風機の横から微細な水蒸気のミストを噴出し、蒸発熱を奪うことで送風する気流の温度を下げるという方法があります。

　また、空調で温度を管理する際には、実際に作業をしている場所で温度を測定して確認することが大切です。空調の温度は、エネルギー節減や二酸化炭素の排出抑制の意図から28℃に設定することが推奨されています。しかし、空調を28℃に設定しても、空調の温度セン

①造船業、パラソルの使用例
（写真提供：新見亮輔医師）

②スポットクーラー
（写真提供：岡野バルブ製造㈱）

サーが作業をしている場所の温度を測定できていなかったり、空調の性能が部屋の容積や換気量に対して不十分であったりすると、作業をしている場所の気温が30℃を超えてしまうことがありますので、注意が必要です。

　かつては、室温と外気温との差は7℃未満にするのが望ましいとされていましたが、近年は屋外が35℃を超えることも多く、その場合であっても室温は28℃を超えないようにする必要があります。

　なお、室温を測定する際に、温度計の周囲に発熱体があったり温度計に直射日光が当たったりしないように注意する必要があります。また、壁に掛けたり机上に設置したりする温度計は、壁や机の表面温度が周囲と異なることがないよう場所を工夫する必要があります。

ウ　休憩室の温度

　暑熱な現場で働く人が休憩を取るための部屋については、室温を24〜26℃程度で管理することが勧められます。特に、人が出入りする部屋や車両等は、ドアの開閉頻度によって室温が変わりやすいので、使用するドアを限定したり空調を低めに設定したりして室温を調節します。ただし、低い室温にするほど短時間で身体を冷却できるというのは間違った考え方です。肌が24℃未満の空気に直接触れると、皮膚の血管が収縮して熱の放散が妨げられてしまいます。人間は物体とは異なり環境温の上下に対して生理的な反応を生じますので、冷蔵

シャワーがあれば
理想的

暑熱な職場の休憩室

庫で品物を冷やすような感覚で管理してはなりません。

　また、室温が24℃未満の場合は、作業者側も、衣服を脱いだまま
で過ごさないように注意する必要があります。

（3）　湿度

　身体が感じる暑さは、気温だけで決まるものではなく、汗がどれく
らい蒸発するかによって変わります。これには、空気中の湿気が関係
しますので、職場に水蒸気を発生するものがあれば、その除去、密
閉、隔離、縮小を検討します。例えば、熱い製品の洗浄液やポットで
沸かしたお湯の湯気は換気扇で排気し、除湿器を導入して湿気を取り
除きます。なお、湿気は、通常、飽和水蒸気圧に対する水蒸気圧の分
圧を示す相対湿度で表しますので、同じ相対湿度でも気温が高いほど
空気中の水蒸気量は多くなります。また、気温が高いときに散水する
と、空気中に湿気がたまりやすくなるので要注意です。

（4）　気流

　気流は発汗の促進に有効です。

　屋外で作業する場所は、なるべく風通しのよいところを選びます。
風を遮る物体は取り除きます。また、大型の送風機で風を送ります。

　屋内では、窓を開けたり換気扇を作動させて外気の通風をよくしたり、扇風機で作業者がいる場所に風を送ったりします。熱気が発生しているときは、その自然上昇を利用してフードで誘導し、部屋の上方で換気扇を使って排気するのが効果的です。

　扇風機の気流は、衣服の中を換気して、皮膚や下着についた汗を蒸発させて体表面の温度を下げる効果があります。ここで、皮膚表面よりも高温の気流は熱風になる可能性もありますが、38℃くらいまでの風であれば、発汗量が多い場合など、汗の蒸発を促す作用が強く体表面の温度の低下に有効な場合があります。逆に、空調などの冷風が特定の人や身体の一部だけに当たっていると、人間の自律神経系に負担を与えることになり好ましくありません。そこで、空調の気流は、直接に作業者に当たらないようにしたり、常時、風向を変更したり、サーキュレーターを併用したりする必要があります。

　また、扇風機で気流を生じさせると、堆積粉じんを撒き散らしたり溶接作業の障害となったりすることがありますので要注意です。扇風機は、大型扇風機や卓上扇風機などがありますので、工場か事務職場かなどの状況や作業に応じて適当なものを選択します。空調をかけた室内で扇風機を併用すれば、冷気が室内の下層に溜まるのを防いで対流を促すことができます。

(5)　輻射（放射）

　太陽、加熱炉、暖房のように高温の物体が放射する赤外線は、離れた場所でも、人間や物体に輻射熱（放射熱）を与えます。そこで、赤外線を遮断する対策を講じます。太陽光に対しては、日陰ができるように屋根、庇、テントなどを張ったり、部屋の窓に遮光フィルムを貼ったり、すだれやブラインドを設けたりします。特に、西向きの窓は早めにカーテンを閉めます。また、窓際に置かれた物体が輻射によって加熱されることがないように直射日光が当たらないようにしておく必

要があります。屋外に休憩場所を確保する際は、必ず日陰を選んで、風通しもよくなるように工夫します。

　道路のアスファルト、床面のコンクリート、グラウンドの樹脂などの人工的な地面も、日光によって加熱されて、気温よりも 10℃以上も高くなり、作業者に輻射熱を与えることがあります。そこで、打ち水など散水して地面を冷却することは地面からの輻射熱を抑制する対策として効果があります。ただし、水分は蒸発して湿度を上昇させますので、打ち水は気温が高くない早朝に行うことが勧められます。

　また、事務室内のプロジェクタやコンピュータも熱源になり得ますので、衝立を置いて熱風や輻射熱等を遮断する工夫も勧められます。

2　作業管理

（1）　熱中症予防通達による指導

　熱中症予防通達は、WBGT 基準値を超えるおそれがある場合に実施すべき作業管理の内容を次のように指導しています。この中で、熱への順化を促すには「7 日以上かけて熱へのばく露時間を次第に長くすること」を推奨しています。また、「熱へのばく露が中断すると 4 日後には順化の顕著な喪失が始まり 3 ～ 4 週間後には完全に失われるこ

と」に留意するよう指導しています。なお、作業中における定期的な水分および塩分の摂取については、身体作業強度等に応じて必要な摂取量等は異なりますが、「0.1 ～ 0.2％の食塩水、ナトリウム 40 ～ 80mg/100mL のスポーツドリンク又は経口補水液等を、20 ～ 30 分ごとにカップ 1 ～ 2 杯程度を摂取すること」を推奨しています。

① 作業時間の短縮等

作業の休止時間及び休憩時間を確保し、高温多湿作業場所での作業を連続して行う時間を短縮すること、身体作業強度（代謝率レベル）が高い作業を避けること、作業場所を変更すること等の熱中症予防対策を、作業の状況等に応じて実施するよう努めること。

② 暑熱順化

高温多湿作業場所において労働者を作業に従事させる場合には、暑熱順化（熱に慣れ当該環境に適応すること）の有無が、熱中症の発生リスクに大きく影響することを踏まえ、計画的に、暑熱順化期間を設けることが望ましいこと。特に、梅雨から夏季になる時期において、気温等が急に上昇した高温多湿作業場所で作業を行う場合、新たに当該作業を行う場合、又は、長期間、当該作業場所での作業から離れ、その後再び当該作業を行う場合等においては、通常、労働者は暑熱順化していないことに留意が必要であること。

③ 水分及び塩分の摂取

自覚症状以上に脱水状態が進行していることがあること等に留意の上、自覚症状の有無にかかわらず、水分及び塩分の作業前後の摂取及び作業中の定期的な摂取を指導するとともに、労働者の水分及び塩分の摂取を確認するための表の作成、作業中の巡視における確認等により、定期的な水分及び塩分の摂取の徹底を図ること。特に、加齢や疾患によって脱水状態であっても自覚症状に乏しい場合があることに留意すること。

なお、塩分等の摂取が制限される疾患を有する労働者については、

主治医、産業医等に相談させること。

④　服装等

　熱を吸収し、又は保熱しやすい服装は避け、透湿性及び通気性の良い服装を着用させること。また、これらの機能を持つ身体を冷却する服の着用も望ましいこと。

　なお、直射日光下では通気性の良い帽子等を着用させること。

　また、作業中における感染症拡大防止のための不織布マスク等の飛沫飛散防止器具の着用については、現在までのところ（編注：令和3年7月）、熱中症の発症リスクを有意に高めるとの科学的なデータは示されておらず、表1-2（編注：本書における表5-6）に示すような着衣補正値のWBGT値への加算は必要ないと考えられる。

　一方、飛沫飛散防止器具の着用は、息苦しさや不快感のもととなるほか、円滑な作業や労働災害防止上必要なコミュニケーションに支障をきたすことも考えられるため、作業の種類、作業負荷、気象条件等に応じて飛沫飛散防止器具を選択するとともに、感染防止の観点から着用が必要と考えられる作業や場所、周囲に人がいない等飛沫飛散防止器具を外してもよい場面や場所等を明確にし、関係者に周知しておくことが望ましい。

⑤　作業中の巡視

　定期的な水分及び塩分の摂取に係る確認を行うとともに、労働者の健康状態を確認し、熱中症を疑わせる兆候が表れた場合において速やかな作業の中断その他必要な措置を講ずること等を目的に、高温多湿作業場所での作業中は巡視を頻繁に行うこと。

（2）　作業位置

　作業位置は、作業者と発熱体との間に断熱効果の強い物体があり風通しのよい場所を選ぶことが望ましく、それが困難な場合は、発熱体からなるべく離れた場所を選びます。原材料や製品そのものが発熱体

である場合は、製品が移動する区域を予め想定したうえで風上側の作業位置を決めます。遠隔操作が可能な場合は、輻射熱を受けにくい作業位置から操作ができるようにします。また、扇風機を設置する場所は、作業者の背後から発熱体の方向に向けて風を送るように注意します。

　太陽光の輻射を受ける場合は、時刻によって変化する太陽光の入射方向をあらかじめ想定して作業位置を決めます。例えば、建築物などの陰になるように、午前中は建物の西側で、午後は建物の東側で作業ができるように工程を工夫します。屋内の作業場所は西日が差し込まない場所を選びます。営業職や運搬職などで屋外を歩くことが多い場合は、なるべく建物の日陰になっている場所に移動し、交差点で信号待ちをするわずかな時間も日陰を探して待つよう勧めます。

(3)　作業負荷

　暑熱な環境が同じであっても、身体作業強度が高い仕事であるほど筋肉による代謝熱が発生しますので、熱中症が生じやすくなります。そこで、まず、暑い日や暑い時間帯には、あらかじめ身体作業強度が高い作業をなるべく避けた工程を組むことが勧められます。また、暑いときは、力やスピードを出したり、連続して繰り返すような作業は可能な限り減らし、なるべく楽な姿勢にしたり、運搬重量を減らしたりします。そのためには、暑い時間帯の一人当たりの作業量は普段より少なめに計画すべきです。

　重量物の運搬や力のいる作業は、昇降装置付きの台車を導入するなどして機械化します。さらに、作業者を短時間で交替させて、特定の作業者が1時間以上連続して暑熱な作業に従事しないようにします。水蒸気の通らない化学防護服や耐火服を着用しなければならない作業は15分程度で交替させます。管理監督者が、工程を工夫して、一人の連続作業時間をなるべく短くすることが勧められます。

　暑熱な作業では、連続作業時間をなるべく短くすることが勧奨されます。しかし、連続して作業できる許容時間を計算したり体温回復に必要な作業休止時間を計算したりすることは、作業環境、作業強度、服装、それに個人要因が関係するので実際には困難です。それぞれの職場の通常作業で、作業者の体調を観察したり疲労度合を聴取したりして無理のない作業時間を決めておき、その日の蒸し暑さや作業強度に応じて現場で調整させるのが現実的です。

（4）　順化

　暑熱な作業に従事するようになった初日から約5日間は、暑さに慣れていないと考えて、暑いところに出るのは1日2〜3時間に限定するなど無理のない作業時間を設定するよう配慮する必要があります。暑さへの慣れ（順化）とは、汗が上手にかけるようになることを意味します。したがって、暑熱な作業が始まる前の1週間のうちに運動したり、サウナに入ったりして、汗をかく練習をするように勧めることは有意義です。一方、梅雨明けなどの急に暑くなった日や、3日間以

上連続した休み明けの日には、順化が成立していない、または失われているおそれがありますので、しばらく汗をかいていなかった人は作業負荷を減らす必要があります。

　また、暑さにさらされ2〜3週間続けて汗をかいていると、汗に含まれるナトリウムの濃度が低下してきて、汗がべたつかず、サラサラになってきます。これは、汗を出す際にアルドステロンというホルモンの作用が高まり、ナトリウムを再吸入しやすくなるためです。そうなると、低ナトリウム血糖になりやすくなり、熱けいれんを生じにくくなります。

(5)　作業中止

　アメリカ産業衛生専門家会議（ACGIH）は、暑熱な作業に従事する労働者の体調を観察して、もともと心機能が正常な人であることを前提に、作業を中止しなければならない条件を**表7-1**のように示しています。

　外耳道温、鼓膜温、舌下温、尿温が38.5℃または腋下温が38.0℃に到達した場合は、暑熱作業を中止させ、急いで産業医等の医師に相談します。

表7-1　作業中止の条件

・脈拍が「180 ―個人の年齢」を超える状態が数分間持続する場合
・核心温が38℃（暑さに順化した人では38.5℃）を超えたとき
・最も負担の大きな仕事が終わってから1分後の心拍数が120以上のとき
・急性の頭痛、めまいなど中枢神経症状があるとき
・大量の発汗が数時間にわたり継続したとき
・体重が1.5%以上減少したとき
・24時間の尿中ナトリウム排泄が50mmol（ミリモル）以下の場合

（6）　休憩

　休憩時間は、暑さや身体活動強度に合わせてこまめに取らせます。連続作業時間が長く、身体活動強度が強いほど休憩の頻度や時間を増やす必要があります（**図 7-1**）。建設工事の現場では、通常、午前中と午後のそれぞれ 1 回ずつ 15 ～ 30 分の休憩がありますが、急に暑くなった日や作業開始から 5 日程度は、追加で 1 時間ごとに 5 ～ 10 分の休憩を取ることが勧められます。工場などその他の職場でも同様です。休憩場所は、冷房のある場所または日陰で風通しのよいところを選んで設定し、水筒やジャグ、冷水機、冷蔵庫、長いす、体温計を用意しておきます。休憩中は、作業着や靴下を脱がせて、なるべく安静にさせ、下着や衣類を準備させておいて汗で濡れたものは着替えるようにします。現場責任者は、様子のおかしな人がいないかを確認するとともに水分を確実に摂取させ、なるべく、個人ごとに体温や体重を測定させて異常があれば報告するよう促します。

　厚生労働省労働基準局安全衛生部は、2017 年から、毎年、5 月から 9 月までを実施期間とする「STOP ！熱中症クールワークキャンペーン」（令和 4 年 2 月 22 日付け基安発 0222 第 1 号）を推進しています。

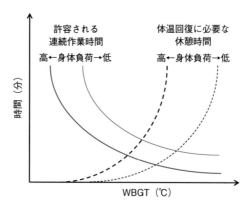

図 7-1　WBGT と連続作業時間・休憩時間

7月を重点取組期間として、熱中症予防管理者を選任して、WBGT値を確認させ、職場を巡視して、作業者の熱への順化、水分や塩分の摂取、体調などを把握して、対策を講じるよう指導しています。特に、「職場における熱中症予防基本対策要綱」（令和3年4月20日付け基発0420第3号）が示すWBGT基準値を超えた場合には、アメリカ産業衛生専門家会議（ACGIH）の勧告と同様に、1℃超えるごとに休憩時間の割合を25%ずつ増やすことを提案しています（表7-2）。

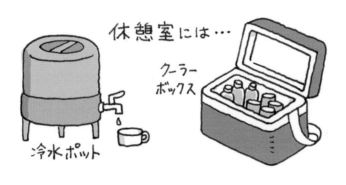

表7-2　休憩時間の目安（特段の熱中症予防対策を講じていない場合）

暑熱順化した作業者は、

- ・WBGT基準値〜1℃程度超過しているときは、1時間当たり15分以上の休憩
- ・WBGT基準値1〜2℃程度超過しているときは、30分以上の休憩
- ・WBGT基準値3℃程度超過しているときは、45分以上の休憩
- ・WBGT基準値それ以上超過しているときは、作業中止が望ましい。

暑熱順化していない作業者は、

- ・より長い時間の休憩等が望ましい。

（「STOP！熱中症　クールワークキャンペーン」（厚生労働省労働基準局安全衛生部）を一部改変）

（7）　水かぶり

　休憩中に、可能であれば作業中にも、体表面に水をかけたり頭から水を浴びたりさせることができれば、水で身体が冷やされるのに加えて汗のかわりに体表面から蒸発熱を奪うので、体温上昇や脱水の抑制にとって非常に効果的です。

水かぶり（作業服の上からでもよいと考えます）

（8）　水分とナトリウムの摂取

　発汗によって失われる水分には、血液中の水とナトリウムなどの電解質（イオン）が含まれていますが、汗腺でナトリウムが再吸収されますので、汗のナトリウム濃度は血液よりも低くなります。したがって、発汗直後の血液はナトリウム濃度が一時的に高くなります。ナトリウム濃度が高いことは血液の浸透圧を上昇させて、のどの渇きを生じます。また、体内では、血液中の浸透圧を維持するための仕組みが働いて水分が細胞と細胞の間（間質）から血管内に徐々に移動して濃度を一定に維持します。このとき、口から水だけを大量に補給すると、15〜30分後にこれが消化管から吸収されたころには、今度は血液中のナトリウム濃度が低下してしまいます。すると、改めて浸透圧を調整するために血液中で余分と判断された水が腎臓から尿として排泄されますので、結果として脱水状態が生じてしまいます（**図7-2**）。このとき、水分もナトリウムも不足しているのに、浸透圧は維持されていますので、のどの渇きは止まってしまいます。これを自発的脱水と呼びます。そこで、補給する水分にナトリウムを少量含めることができれば、水とナトリウムの不足状態を緩和して、脱水も軽度

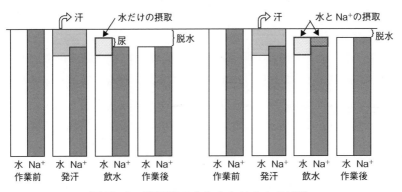

図7-2　発汗時の水とナトリウムの補給
（左：水だけを摂取した場合、右：水とナトリウムを摂取した場合）

に抑えられます。

　このように、発汗後の水分は、のどの渇きを頼りに飲ませていても不足しがちになりますので、作業開始前から約20分ごとに150mLずつなど計画的に飲むのが効果的です。飲料の種類として、暑さに順化していない作業者の場合や大量の発汗を伴う場合は、汗から失われるナトリウムが多めになりますから、ナトリウムが補給できるものを選択します。熱中症予防通達では、食塩濃度で0.1～0.2%（ナトリウム量で17～35mEq、40～80mg（mg/dL））が適当としています。ただし、ナトリウムが消化管からきちんと吸収されることが大切です。そこで、適度なブドウ糖（グルコース）を含み吸収されやすい飲料を飲みやすく冷やして入れたポットやジャグを身近な職場に備えておくことが勧められます。ナトリウムは、ごま塩、塩の錠剤、味噌、梅干し、味付け昆布などからも摂取できます。また、大量の発汗を伴うときには、ナトリウムがより多く含まれる経口補水液（ナトリウム量で50mEq、115mg/dL）を摂取させて脱水を防ぐことが勧められます。

（9）　衣服

　事務所など、衣服が安全確保のうえで問題とならない職場では、汗の蒸発を促すために、半袖で襟元が開放的なクールビズ用のデザインのものを勧めます。

　生地の素材としては、肌に密着せずに通気性や透湿性がよいもので、汗を吸い取って衣服の表面から気化させて体温を下げる効果があるものを選びます。色調は、日光の輻射を反射して温まりにくい白色系の素材を選び、日光の輻射を受けて暑くなりやすい黒色系の素材は避けます。特に、汗をかくときの下着は、一般に吸水性に優れた綿などの素材が勧められます。また、近年開発されている汗をよく吸い取り乾かすことができる吸汗速乾の素材のものも活用します。

　衣服の着用法としては、業務遂行上および安全上の問題がなけれ

ば、ネクタイは緩めて襟元をあけ、前胸部への通風を確保しやすい方法も勧めます。首周りをネクタイや襟で締めると、前胸部の熱気や汗が出て行きにくくなり不快感を生じやすくなります。

また、空調のある屋内と屋外の温度差が大きいところを移動する場合は、上着を持参させて、適宜、着脱するように指導します。

なお、快適と感じる気温は、個人の身体活動強度、体調、衣服などによってかなり異なりますので、同じ室内でも暑いと感じる作業者と寒いと感じる作業者が両方存在する場合があります。そのような場合は、座席や空調の風向きを工夫したり、服装やひざかけなどで、個人ごとに調節するように促す必要があります。

（10）　保護具

マスク等の呼吸用保護具、化学防護服、前掛け、手袋といった安全衛生保護具は、通気性や透湿性が悪く、呼気や汗の蒸発を妨げやすいので、なるべく電動ファンや排気弁が付いたもので換気性の優れたものを着用させるようにします。また、休憩中は、取り外せるように配慮します。なお、新型コロナウイルス対策として使用される不織布マスクなどのプロテクタは、首の部分まで覆うものでなければ、体温上昇にはほとんど寄与しません（図7-3）。

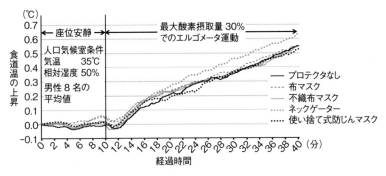

図7-3　感染防止用プロテクタ・防じんマスクの着用による体温上昇

一方、熱中症の発生を予防する目的の保護具もあります。

　屋外では、日光の輻射を防ぐために、男性も含めて日傘を使うよう勧め、日よけの付いた帽子を使用させます。頸部を遮光する後垂れ付きの麦わら帽子は、農作業を含め屋外作業用に広く利用できます。保護帽（産業用ヘルメット）は、通気孔から外気を取り入れられるものや送風式のものもあります。首や頭に巻いて皮膚表面から汗を吸い取って蒸発させる作用のあるタオル類もあります。冷媒を使用した保護具として、保冷剤や相変化材料（28℃付近で個体相から液体相に変

写真①　圧縮空気を使う個人用の冷却器もある
　　　　　　　　　　（写真提供：㈱重松製作所）
写真②　小型のファンを取り付けた作業服
　　　　　　　　　　（写真提供：㈱空調服）
写真③　産業用ヘルメットに通気性をもたせている
　　　　　　　　　　（写真提供：㈱谷沢製作所）
写真④　首筋を直射日光から守るための防暑タレ
　　　　もある
　　　　　　　　　　（写真提供：㈱谷沢製作所）

化する際に身体から反応熱を奪う材料）を入れたベスト、冷水を背負って体表面を循環させる形式の保護服、圧縮空気を断熱膨張させて冷気を作って作業服やマスクの中に供給する方式の保冷服、小型のファンを付けて、外気をとりこみ、汗を蒸発させる蒸発熱で体を冷やす空調作業服などがあります（図7-4）。

（11）プレクーリング

　消防業務や焼却炉内作業などにみられるように、非常に暑熱な環境において、身体活動強度が高く、通気性のない服装で、作業に従事しなければならない場合は、作業開始前に事前冷却（プレクーリング）を行うという対策があります。プレクーリングは、暑熱な作業に従事する前に核心温を下げておいて、身体活動中の体温上昇を抑える方法で、スポーツの分野での応用が広がりつつあります。職場においても、作業中の体温上昇を遅らせ、発汗量も減らし、作業を安全に継続できる時間を長く確保できる効果が期待できます。

　プレクーリングの方法には、大きく分けて体外冷却法と体内冷却法があります。体外冷却法は、体表面から冷却する方法で、全身の冷水浴、手足の冷水への浸漬、冷媒や冷却服の着用、冷気の送風などによるものです。特に、手足の冷却は、動静脈吻合という血管構造があることから全身の冷却効果が高まります。ただし、実際に職場で実施するには設備や装備が必要です。また、全身を冷却すると、皮膚の温度感覚や体表面に近い筋の活性が低下していることがあるので、作業開始直後は注意が必要です。

　一方、体内冷却法は、体内から冷却する方法で、冷水のほか微細な氷と液体を混ぜた流動性のあるアイススラリーを摂取することによるものです。特に、アイススラリーによる方法は、氷が固相から液相に相変化する際に80cal/gの熱を吸収することから消防業務などでも応用されています（図7-5）。

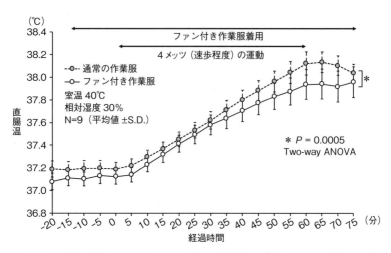

図7-4　暑熱環境におけるファン付き作業服の着用による体温上昇抑制効果

(Mori K, Nagano C, Fukuzawa K, et al. Mitigation of heat strain by wearing a long-sleeve fan-attached jacket in a hot or humid environment. *Journal of Occupational Health*. 2022;64(1):e12323.)

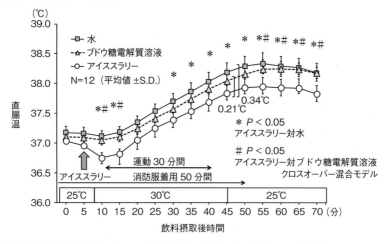

図7-5　暑熱環境において消防服を着用した条件での運動時のアイススラリー事前摂取による体温上昇抑制効果

(Tabuchi S, et al. Efficacy of ice slurry and carbohydrate-electrolyte solutions for Firefighters. *Journal of Occupational Health*. 2021;63(1):e12263.)

3 健康管理

（1） 熱中症予防通達による指導

　熱中症予防通達は、WBGT 基準値を超えるおそれがある場合に実施すべき健康管理について次のように指導しています。糖尿病は、動脈硬化が進みやすく血管拡張の作用が弱く末梢循環が障害されやすいので発汗による体温調節が不十分になりやすいうえに、血糖値が高い場合に尿に糖が漏れ出すことにより尿で失う水分が増加し脱水状態を生じやすくなること、高血圧症や心疾患は、水分および塩分を尿中に出す作用のある薬を内服している場合に脱水状態を生じやすくなること、腎不全は、塩分摂取を制限されていて塩分の調整が難しいこと、精神・神経関係の疾患は、自律神経に影響のある薬（パーキンソン病治療薬、抗てんかん薬、抗うつ薬、抗不安薬、睡眠薬等）を内服している場合に発汗および体温調整が阻害されやすくなること、広範囲の皮膚疾患は、発汗が不十分となる場合があること等の理由から、熱中症を発症しやすい場合があると考えられています。また、感冒（風邪）等による発熱、下痢等による脱水、皮下脂肪の厚い肥満も、熱中症を発症しやすい状態と考えられますので、留意が必要とされています。

---

① 健康診断結果に基づく対応等

　労働安全衛生規則（昭和 47 年労働省令第 32 号）第 43 条、第 44 条及び第 45 条の規定に基づく健康診断の項目には、糖尿病、高血圧症、心疾患、腎不全等の熱中症の発症に影響を与えるおそれのある疾患と密接に関係した血糖検査、尿検査、血圧の測定、既往歴の調査等が含まれていること及び労働安全衛生法（昭和 47 年法律第 57 号）第 66 条の 4 及び第 66 条の 5 の規定に基づき、異常所見があると診断された場合には医師等の意見を聴き、当該意見を勘案して、必要があると認めるときは、事業者は、就業場所の変更、作業の転換

等の適切な措置を講ずることが義務付けられていることに留意の上、これらの徹底を図ること。

　また、熱中症の発症に影響を与えるおそれのある疾患の治療中等の労働者については、事業者は、高温多湿作業場所における作業の可否、当該作業を行う場合の留意事項等について産業医、主治医等の意見を勘案して、必要に応じて、就業場所の変更、作業の転換等の適切な措置を講ずること。

②　日常の健康管理等

　高温多湿作業場所で作業を行う労働者については、睡眠不足、体調不良、前日等の飲酒、朝食の未摂取等が熱中症の発症に影響を与えるおそれがあることに留意の上、日常の健康管理について指導を行うとともに、必要に応じ健康相談を行うこと。これを含め、労働安全衛生法第 69 条の規定に基づき健康の保持増進のための措置を講ずるよう努めること。

　さらに、熱中症の発症に影響を与えるおそれのある疾患の治療中等である場合は、熱中症を予防するための対応が必要であることを労働者に対して教示するとともに、労働者が主治医等から熱中症を予防するための対応が必要とされた場合又は労働者が熱中症を予防するための対応が必要となる可能性があると判断した場合は、事業者に申し出るよう指導すること。

③　労働者の健康状態の確認

　作業開始前に労働者の健康状態を確認すること。

　作業中は巡視を頻繁に行い、声をかける等して労働者の健康状態を確認すること。

　また、複数の労働者による作業においては、労働者にお互いの健康状態について留意させること。

④　身体の状況の確認

　休憩場所等に体温計、体重計等を備え、必要に応じて、体温、体重その他の身体の状況を確認できるようにすることが望ましいこと。

(2) 始業前の体調確認

暑さに関係する体調は、常に変化しますので、作業現場の管理・監督者が、毎日の作業前に**表7-3**に掲げた事項を確認します。

表7-3　作業前の体調確認

○　前日は涼しい部屋で睡眠を取ったか？
○　前日のアルコールの飲みすぎ等で脱水状態になっていないか？
○　仕事に来る前に食事をしたか？
○　下痢や発熱はしていないか？

　そのためには、職場において、日頃から管理監督者に体調を正直に申告できる雰囲気を醸成しておくこと、その結果に基づいて現場で作業の調整や休憩の指示をしたり健康管理部門に相談したりできる体制を構築しておくことが重要です。

　また、作業前に、仲間でお互いの顔色や様子を観察して、声を掛け合う習慣をつけておくことも大切です。特に、二日酔いと食事抜きの人は、そのまま暑い仕事を初日からやらせるというのは非常に危険なので、この2つの事柄については必ず正直に申告するように促す必要があります。そして、脱水状態が疑われる者や作業前に食事をしていない者は、暑い作業から外して、先に水分補給と食事摂取を促す必要

があります。また、万一のために、熱中症の診療ができる救急部門のある医療機関の連絡先を調べておく必要があります。

（3）　生活習慣上の注意

　暑い作業に従事した後の日常生活では、多量の発汗を伴う活動はなるべく避けて、十分な食事、休養、睡眠を取って、その日のうちに体温を下げておくことが重要です。特に、1日の最低気温が25℃以上の熱帯夜の場合は、屋内の寝室はかなり蒸し暑くなりますので、空調で28℃以下に調節し、翌日は体温上昇や前日と比べて体重減少がないか確認することが勧められます。

　また、入浴後、就寝前、起床時に水分を補給することが勧められます。夜中に空調を使用した場合は、室内が乾燥して不感蒸泄（人間の吐く息は水蒸気で飽和しているほか、肌では感じない発汗があり、そのことをいいます）が増えますので、水分は多めに補給するように指導します。脱水があると運動競技の成績が低下することが知られていますので、夏季は、入浴時や起床時に体重を測定して記録しておいて、慢性的な脱水が生じないように注意します。特に、アルコールは、尿量を増やす作用（利尿作用）がありますので、暑い作業の前日は飲みすぎないように心がけて、飲酒後には必ず水分を補給することが大切です。

（4）　暑さへの順化

　暑い作業に従事することがあらかじめ分かっている場合、暑さに慣れておくことも考えられます。例えば、スポーツやサウナなどで汗をかく習慣を体得して暑さに慣れておけば、暑い作業でも早めに汗が出やすくなります。このように、避けるだけが予防策ではなく、慣れることも重要で、積極的な予防策といえます。

（5）　健康診断の実施

　労働安全衛生法には、暑熱な職場の労働者を対象に実施しなければならない特殊な健康診断は規定されていません。しかし、同法に基づく労働安全衛生規則第 45 条は、事業者は、「多量の高熱物体（＝100℃以上の鉱物や溶融物、昭和 23 年 8 月 12 日付け基収第 1178 号）を取り扱う業務及び著しく暑熱な場所（＝乾球 40℃、湿球 32.5℃、黒球 50℃、感覚温度 32.5℃以上の作業場所、前同）における業務」に常時従事する労働者を特定業務従事者として、配置替え時および 6 カ月以内ごとに 1 回、定期に、健康診断を実施しなければならないことを規定しています。

　この健康診断で実施が義務づけられている検査項目は、定期健康診断と同じものですが、胸部エックス線検査は 1 年に 1 回でよく、採血が必要な検査（肝機能検査、血中脂質検査、貧血検査、血糖検査）や心電図検査は医師が必要でないと認めるときは省略してよいことになっていますので、通常は、業務歴と既往歴の聴取、体格（身長、体重、腹囲）、血圧、視力、聴力（1,000Hz、4,000Hz の検査でなくてもよい）、尿の検査でよいことになります。

　一般に、健康診断というと、ある疾病を早期に発見するための検査を実施することが期待されます。ただ、その日の体調によって急に発症することがある熱中症については、健康診断で事前に発見することは困難です。また、熱中症になりやすい体質かどうかについて、判別できるような血液検査などによる客観的で簡便な指標も存在しません。

　したがって、健康診断の際に医師などが行う問診において、**表 7-4** に示したような事項についてたずねるなど、熱中症になりやすい作業環境、作業、健康の状態がないかどうかについて、詳しく調べることが期待されます。

表7-4　暑熱な職場の労働者を対象とした健康診断における問診事項（例）

○　蒸し暑さの原因を特定し対策を講じているか
○　蒸し暑さに身体が慣れるように努めているか
○　暑い日は作業量や休憩時間を調整しているか
○　熱中症にかかった同僚はいないか
○　熱中症にかかった経験はないか
○　水分摂取を制限していないか
○　塩分摂取を制限していないか
○　自宅に空調はあるか
○　十分な睡眠を取っているか
○　出勤前に必ず食事をしているか
○　脱水になりそうな運動・飲酒の習慣はないか
○　利尿剤（尿を増やす薬）等を飲んでいないか

（6）　健康診断実施後の措置

　健康診断で検査結果に異常所見がある場合は、職場の上司や人事担当者は、産業医等から本人が暑熱な職場における作業に従事するに当たって講ずるべき措置がないかについて意見を聴取します。

　産業医等から措置を要する事項について意見を聴取する場合には、職場の上司等は作業環境や作業の様子についてなるべく詳しく説明をしたうえで、産業医から具体的な意見をもらえるように工夫します。その際、産業医等から述べられる意見の例としては、**表7-5**のようなものが考えられます。職場の上司や人事担当者は、産業医等からの意見が分かりにくかったり抽象的だったりして具体的な措置を検討しにくい場合は、遠慮せずに、意見を述べた産業医にたずねて、重要な事項を的確に理解するように努めます。

　また、可能であれば、事業者は、意見を述べた産業医と話し合う場を設けて、産業医の意見に基づいて事業者としてはどのような措置を講じようとしているのかについて説明をして、改めてその措置に対する医師の意見を求めるようにします。

　このように暑熱な職場における就業上の措置が決まったら、それら

表7-5　暑熱な作業の労働者の健康診断の結果に基づく医師の意見（例）

○　熱や蒸気の発生源を別室に移動すること
○　作業場に屋根や庇を設けること
○　窓にすだれやブラインドを設置すること
○　空調やスポットクーラーを設置すること
○　扇風機や送風機を設置すること
○　最も暑い仕事は2人以上で交替すること
○　1時間ごとに作業休止時間を設けること
○　空調が効いた休憩室を設けること
○　休憩室にナトリウム入りの飲料水を準備すること
○　作業者の判断による作業休止や飲水を許可すること

がきちんと実践されるように職場の上司や現場の管理監督者に連絡する必要があります。

（7）　持病のある作業者の措置

　作業者の持病として、高血圧、心疾患、脳血管疾患、糖尿病、腎疾患、甲状腺疾患、血液疾患等の熱中症を発症しやすいと考えられる疾患が認められる場合は、暑熱な職場における作業に従事することについて必ず産業医の意見を求めるとともに、必要に応じて主治医の意見も求めて、就業上の十分な配慮を行うことが必要です。

　ここで、ある作業者が暑熱な職場における作業に従事することが困難であると判定された場合は、まず、本人が治療や生活改善に励むことによって就業適性が確保されるよう促します。そのうえで、当座は夏場の暑い時期だけはその他の業務に従事させるといったやりくりの仕方を検討します。それでもどうしても適性がないということであれば、配置や作業を思い切って転換したりすることが必要です。その際は、作業者本人、人事担当者、産業医の三者が同席して相談し、産業医が医学的な見地から病状や就業適性について説明したり、配置転換先のようすについて吟味したりするのが理想です。

（8）　健康診断実施後の保健指導

　熱中症を発症するおそれのある労働者には、健康診断の際またはその結果を説明する際に、熱中症を予防するうえで必要な**表7-6**のような事項について医師や保健師による保健指導を行うことが望まれます。健康診断を実施した時期によらず、夏季など職場が最も暑くなる時期を想定した保健指導であることが理想です。特に、主治医のいる労働者が熱中症の発症を予防するための意見を聞いてきた場合は、事業者に申し出るよう指導することが必要です。

表7-6　暑熱な職場の作業者への保健指導（例）

- ○　熱中症の症状があれば上司に報告すること
- ○　普段よりも蒸し暑いときは無理をしないこと
- ○　夏場は蒸し暑さに身体を慣らすように努めること
- ○　日陰を選んで業務や通勤をするよう心がけること
- ○　空調や扇風機は風向きを変えながら使用すること
- ○　汗をかいた時はナトリウム入りの飲料を摂取すること
- ○　熱帯夜は空調を使用すること
- ○　夜更かしをせず睡眠を十分に取ること
- ○　出勤前には必ず食事をすること
- ○　脱水になりそうな運動・飲酒の習慣は控えること
- ○　飲酒後は普段以上に水分を補給すること
- ○　主治医がいれば暑熱作業への従事について相談すること

（9）　個人差への配慮

　高齢者は皮膚表面の血流が減っていることなどから、十分な発汗ができない場合や自覚症状にも乏しい場合があります。また、作業開始前に、食事を摂取していること、下痢や脱水状態がないこと、睡眠が不足していないことをたずね、いずれかに該当する労働者は、暑熱な作業に従事させるべきではありません。

　また、年齢が高い（概ね50歳以上）場合、肥満（概ね体脂肪率

30％以上）である場合は、本来は、暑熱な作業に従事させないことが望ましいでしょう。

　自律神経に影響のある薬（パーキンソン病治療薬、抗てんかん薬、抗うつ薬、抗不安薬、睡眠薬、抗不整脈薬など）を内服している場合、塩分摂取を制限されている者（高血圧、腎不全、心不全など）は、主治医の意見に基づく個別の指導に従う必要があります。

（10）　著しい暑熱職場における体温等の測定

　職場が著しく暑熱な場合においては、環境条件のわずかな変化が熱中症を発症させる原因になり得ます。また、労働者にはもともと個人差があることに加えて当日の体調がよくない人は、同じ職場にいる同僚が平気でも一人だけ熱中症に陥ることがあります。このような場合に熱中症の発生を予想して未然に防ぐには、健康診断結果に基づく医師の判断や現場での聞き取りなどだけでは不十分です。

　そこで、著しく暑熱な職場にいる人や体調がよくない人については、始業前に体温を測定しておき、休憩時間にも測定して、その経過を観察することが勧められます。そして、暑さに慣れていない人では外耳道温、鼓膜温、舌下温などの核心温で38.0℃（腋下温で37.5℃）、暑さに慣れている人でも核心温で38.5℃を超えるような体温の場合は、暑熱な職場での作業は中止させることが必要です。

始業前等には体温を測定しましょう

　体温は、本来は、身体の内臓の温度を測定するのが理想なのですが、通常は不可能ですから、わきの下で測定するのが一般的です。ただし、わきの下の温度は、体表面の温度ですから内臓の温度はそれよりも0.5〜1.0℃程度は高いと考えるべきです。最近、外耳道で鼓膜から放射される赤外線の温度を測る方法があり、頭蓋内の温度に近い値を測ることができると期待され、乳幼児では広く利用されています。ただし、大人では、外耳道が途中で曲がっていて鼓膜の温度を正確に測ることは難しいので、耳たぶをよく後ろに引っ張り何度か測定して最も高い値を探す工夫をしてみることが有効です。そのほか、外耳道で核心温を推定する方法（**写真**）、舌の下で温度を計る方法、排尿直後の尿の温度を測る方法などもあります。

　なお、身体に接触させる体温計は、個人に専用のものがあれば理想的ですが、他の労働者も使用する体温計は、消毒用アルコールを清潔な綿などに浸したり、スプレー式の消毒液を利用したりして毎回消毒する必要があります。近年、脈拍数等から熱中症リスクを評価しようとする機器が開発されています。各機器は独自のアルゴリズムを採用していますので、職場の特性に合わせて真に熱中症の早期発見に役立つものを選ぶ必要があります。

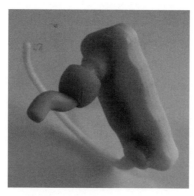

写真　外耳道温計（研究用）（写真提供：ミドリ安全㈱）

4　労働衛生教育

　熱中症予防通達は、WBGT 基準値を超えるおそれがある場合に実施すべき労働衛生教育の内容を次のように指導しています。厚生労働省等のホームページにはパンフレット等の教材が掲載されています。また、中央労働災害防止協会や産業保健総合支援センターなどが実施する教育の機会を利用したりして、衛生管理者などが常に新しい情報を取得して現場に周知しておくことが勧められています。

　労働者を高温多湿作業場所において作業に従事させる場合には、適切な作業管理、労働者自身による健康管理等が重要であることから、作業を管理する者及び労働者に対して、あらかじめ次の事項について労働衛生教育を行うこと。

①　熱中症の症状

②　熱中症の予防方法

③　緊急時の救急処置

④　熱中症の事例

　なお、②の事項には、作業環境管理、作業管理、健康管理、労働衛生教育の熱中症予防対策が含まれること。

　熱中症に関する知識と予防策については、雇入れ時教育、作業内容変更時の教育、職長教育、全国安全週間、全国労働衛生週間などの機会をとらえて、作業者、現場の管理監督者を対象に、労働衛生教育をすることが望まれます。教育を通して、熱中症が発生するメカニズムをきちんと理解させておくことは、熱中症の予防に有効と考えられます。特に、人間の熱産生と熱放散の不均衡が熱中症の原因であること、発汗の仕組みなどの基本的な事項を職場の管理監督者に理解してもらうことは、無理な作業計画や体調管理をさせないうえでとても大切です。

　毎年、熱中症が発生しはじめる 5 月よりも前に、管理者を含めてすべての対象者に熱中症について教育を行うことが望まれます。このころには、熱中症を予防するためのさまざまなイベントも開催されますので、積極的に参加させることが勧められます。

5　労働衛生管理体制（日常の備え）

　熱中症の予防は、個人の努力とともに組織としての配慮も必要です。

　熱中症予防通達は、管理監督者や衛生管理者が職場を巡視し、暑熱な職場がないかどうかや体調の悪い作業者がいないかどうかをチェックし、休憩場所を整備したり救急搬送体制を確立したりしておくよう指導しています。また、一部の暑熱な職場に関しては、法定の要求事項として、作業環境の測定、熱気の排出、通風の確保、水分と塩分の確保、特定業務従事者の健康診断などが規定されていますので、これらをきちんと実施する体制を敷くよう指導しています。そして、作業環境測定で熱中症が発生しやすい職場が認められた場合には、作業環境や作業方法の改善について検討する体制を整備し、健康診断で熱中症になりやすい作業者やすでに熱中症を疑う症状のある作業者が認められた場合には、事業者は医師の意見を聴取したうえで就業上の措置の実施について検討する体制を整備しておくよう指導しています。

　一般に、すべての作業で責任者を明確にして、管理監督者を配置する必要がありますが、特に、暑熱な作業においては一人作業をなるべく減らす工夫が必要です。例えば、交通誘導作業など一人作業になる際は、連絡体制の確立、定期的な巡回、休憩場所の確保、昼食摂取、飲水の指導、トイレの確保など十分注意します。管理監督者は、発注元の現場で休憩室を使用する許可をもらい、昼休みなどは涼しい日陰で過ごせるように環境を整えます。現場の作業者が仲間や客先を意識しすぎて無理をしすぎることがないように、個人ごとの体調を観察し

ながら定期的に休憩を指示することが大切です。さらに、日頃から、体調不良を正直に申告したり、気軽に相談したりできる雰囲気を作っておくことが大切です。

　また、職場でできる救急処置として、日陰を用意して、太い血管がある部位をアイスパックで冷やしたり、身体に水分を塗布して風を送ったり、脳への血液循環を確保するために下肢を上げたりすることを周知しておきます。

　そして、職場には、清潔に保管した体温計を用意しておくことが勧められます。さらに、いざというときに紹介できる医療機関を調べておきましょう。実際に、医療機関を受診させる際は、運動や仕事の様子を説明できる者が同行することが勧められます。特に、緊急時に搬送できる最寄りの救命救急センターを調べておき、事業場内の連絡体制を整備し、救急処置についても教育や訓練を行っておくことが望まれます。

6　救急処置

（1）　熱中症予防通達による指導

　熱中症予防通達は、WBGT 基準値を超えるおそれがある場合に実施すべき救急処置の内容を次のように指導しています。ここで、熱中症の症状と分類については、日本救急医学会の I 〜III度の分類（**表7-7**）を参考とし、具体的な救急処置については「熱中症の救急処置（現場での応急処置）」（**図7-6**）を参考にするよう指導しています。

---

　① 緊急連絡網の作成及び周知
　労働者を高温多湿作業場所において作業に従事させる場合には、労働者の熱中症の発症に備え、あらかじめ、病院、診療所等の所在地及び連絡先を把握するとともに、緊急連絡網を作成し、関係者に周知すること。

---

② 救急処置

　熱中症を疑わせる症状が現われた場合は、救急処置として涼しい場所で身体を冷し、水分及び塩分の摂取等を行うこと。また、必要に応じ、救急隊を要請し、又は医師の診察を受けさせること。

表７-７　熱中症の症状と分類

分類	症状	重症度
Ⅰ度	めまい・生あくび・失神 　（「立ちくらみ」という状態で、脳への血流が瞬間的に不十分になったことを示し、"熱失神"と呼ぶこともある。） 筋肉痛・筋肉の硬直 　（筋肉の「こむら返り」のことで、その部分の痛みを伴う。発汗に伴う塩分（ナトリウム等）の欠乏により生じる。これを"熱痙攣"と呼ぶこともある。） 大量の発汗	小
Ⅱ度	頭痛・気分の不快・吐き気・嘔吐・倦怠感・虚脱感 　（体がぐったりする、力が入らないなどがあり、従来から"熱疲労"といわれていた状態である。） 集中力や判断力の低下	↓
Ⅲ度	意識障害・痙攣・手足の運動障害 　（呼びかけや刺激への反応がおかしい、体がガクガクと引きつけがある、真直ぐに走れない・歩けないなど。） 高体温 　（体に触ると熱いという感触がある。従来から"熱射病"や"重度の日射病"と言われていたものがこれに相当する。）	大

（熱中症予防通達より）

（2）　現場での救急処置

　熱中症には、特異的な症状がありません。過去の死亡災害を見直しても、顔面紅潮、めまい、ふらつきなどの症状が出始めてから間もなく意識を失っている事例もあります。したがって、手遅れにならないようにするには、管理監督者はもちろん、作業者がお互いに声を掛け合って、暑い作業においていつもと違う言動を生じたら、すぐに日陰で風通しのよい涼しいところを探して移動させて、靴や靴下を脱がせ、衣服をゆるめ、ナトリウムが含まれた飲料を摂取させるなどしながら、体温を測ったり、体調をたずねたりすることが大切です。

　熱中症が疑われる場合は、涼しい場所で休憩を取らせ、水分や塩分

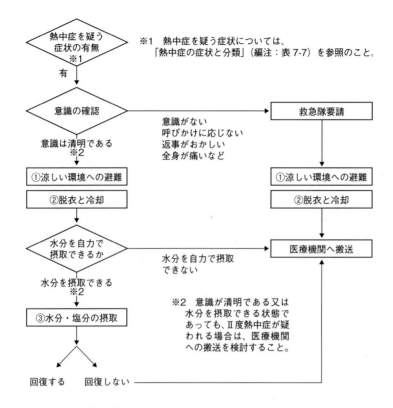

図7-6 熱中症の救急処置（現場での応急処置）（熱中症予防通達）

の補給を試みます。作業者が自分で飲料水を受け取って蓋を開けて口に入れて摂取し、吐き出したりせずに吸収し、症状がすっかり回復し、尿が出ている場合は、軽症（Ⅰ度）である可能性が高いことから、必ずしも医療機関を受診させる必要はないと考えられます。しかし、体温が38℃以上ありそうな場合、尿がしばらく出ていない場合、心拍数が100以上である場合、言動や意識がおかしい場合などは、すぐに医療機関を受診させる必要があります。体温が高い場合は、救急車の到着を待つまでに、体表面を露出させ、水で濡らして、うちわなどで

冷風を送ります。また、氷のうなどがあれば、頸部、わきの下、股の間など大きな動静脈が通っている部位を冷やします。そのときの体位は、仰向けか横向きに寝かせて、脳血流を確保するために、足を少し上にあげたほうがよいでしょう。手足を末梢から中心部に向けてマッ

サージするのも効果的です。

　また、上記のような症状が明確でない場合や本人が症状を我慢して訴えない場合には、突然、「工具を落とす」「意識を失う」「転倒する」などの症状を発症することがあります。突然に発症する理由の多くは、血液が皮膚表面に集中していたり、脱水状態に陥っていたりして、脳への血流が不足してしまうからです。そのような場合、心拍数は亢進していて、血圧は低いことが多いと考えられます。

　また、倒れた後は、脳への血流が少し戻りますので、意識も回復することが期待されます。ただし、倒れたときにけがをしたり、運転している設備や機械によって事故を起こしたりすることがあります。したがって、たとえ何事もなく意識が回復したかのようにみえても、このような症状を生じた作業者については、直ちに涼しい場所に移動させ、水分と塩分の補給をさせながら、すぐに医療機関を受診させる必要があります。その際、可能であれば、体温や心拍数を測定して、測定した時刻とともに受診時に報告すると治療上の参考になります。また、体調がすぐれない人は急に症状が変化するおそれがあるので、一人にしておくべきではありません。経過によっては、職場から離れて休憩中に発症したり、帰宅途上や帰宅後に発症したりすることがあります。その理由は、脱水や体温の上昇が徐々に進行したり、血液中のナトリウムが不足しているのに水分だけを補給してしまったりするからです。このような場合は、熱中症以外の症状とますます区別がしにくいことから、暑熱な環境で仕事をしていたという経過を説明したうえで、医療機関を受診させることが重要です。

　体温が38℃以上あると疑われるときや意識が混濁しているときなど、熱射病が疑われたら、一刻も早く救急車で医療機関に搬送する必要があります。その際は、経過を最もよく知る人が医療機関に同行すべきです。また、救急車が到着するまでは、気道を確保し、できれば呼吸や脈拍の状態を確認しながら、身体を冷やす処置を継続します。

（3）　医療機関での治療

　医療機関においては、全身の状態を評価したうえで、医学的な必要性に応じて、意識状態を確認するとともに、気道を確保し、呼吸、循環、尿量、核心温（直腸温や膀胱温）をモニターします。そして、核心温を 38℃以下まで冷却することを目標に、冷却マットの上に寝かせて、体表面に水分を塗って送風します (蒸散冷却法)。

　静脈から、25℃程度に冷却した点滴液（ソリタ T 顆粒 3 号、ラクテック注等のナトリウム入りのもの）を急速に補液します。

　また、鼻や口から胃までチューブを挿入して、消化管を冷水で洗浄したり、体表面に冷水を循環させる装置を着用させたりします。

　熱けいれんなど筋肉が崩壊した症状が認められた場合は、クレアチニンフォスフォキナーゼ（CPK）やミオグロビンなどが血液中に大量に出てくるために、腎不全の発生を予防するために十分な補液と尿の検査を継続します。

　内臓や血液凝固系に関する検査を行い、それらに異常があれば多臓器障害（MOF）や播種性血管内凝固症候群（DIC）などを伴うⅢ度の熱中症の可能性が高いので、集中治療室（ICU）に入院させて、全身状態を継続的に観察し、症状に応じた治療を行います。抗けいれん剤や筋弛緩剤を投与することもあります。人工呼吸器の装着、血液浄化のための透析、血漿交換、体外循環などの集中治療を行って救命のためにあらゆる治療を行います。

第8章
熱中症の予防事例

　熱中症を予防するには、理屈や理想論を述べるだけでは不十分で、現場において実施可能かつ有効な対策を実践することが大切です。実際の現場では、管理監督者が作業当日の暑さ指数予報に基づいて事前に休憩時間の追加を指示したり、現場の主任が刻々と変化する状況に合わせて作業方法を変更したりするなど多彩な予防対策が行われています。そこで、実際に企業等が考えて実施している事例を以下に簡潔に紹介します。これらを参考に、各現場の熱中症リスクの特徴に合わせて工夫し、実効のある熱中症予防対策を立案して実践してください。

①　日陰を考えた作業の工程管理

　A社（建設業）は、建物の外壁材の工事が専門です。作業者が太陽の照射を受けないように、なるべく日陰になる場所で作業ができるように工程を工夫しています。例えば、午前中は西側、午後は東側の作業を行うような工程にしています。

②　冷凍庫の設置とスポーツドリンクの作製

　B社（建設業）は、プラント建設工事が専門です。現地に設置する工事事務所には、冷蔵庫のほかに冷凍庫を用意して、氷を保管しています。そして、作業現場が離れている工事班ごとに飲料水の担当者を決めて、毎朝と昼休みの作業開始前に、スポーツ飲料の粉末を氷水で溶いた飲料を作っています。それを、保冷用ジャグに入れて、作業現場に持参して作業の途中でもすぐに飲めるようにしています。

③　休憩時間の追加と現場での調整

　C社（建設業）は、ビルの建設工事が専門です。現場の責任者が、暑さ指数の予報を必ず確認して、28℃以上の「厳重警戒」を超えることが予想される日には、朝礼の際に請負作業を担当する各社の担当者に対して、昼休みのほかに午前中に1回と午後に2回、10分以上の休憩時間を取るように指示をしています。また、現場の管理監督者が、実際の暑さや作業者の疲労の様子を把握して、さらに休憩回数を増やしたり休憩時間を長くしたり調整できるようにしています。

④　日陰のある休憩場所の設置

　D社（建設業）は、土木工事が専門です。建物も木陰もない場所での作業であっても、休憩場所は日陰に設置する必要があることから、4〜6カ所に杭を打ち、竿を立て、上部に布をかけて日陰を作るよう

にしています。また、その日陰の下には横臥できるようにシートを敷いて、冷やしたポットを用意してナトリウム入りの飲料水を支給しています。

⑤　空調設備のあるトレーラーハウスの準備

　E社（建設業）は、土木工事が専門です。屋外で電気や水道のない場所での仕事が多く、数カ月ごとに現場が移動します。そこで、休憩時間中に作業者が効果的に涼めるように、空調設備のある部屋を設置したトレーラーハウスを現場に移動させて休憩室として使用しています。

⑥　炉前に空調設備のある監視室の設置

　F社（金属精錬業）は、溶解炉による鋳造が専門です。作業者は、ときどき炉に近づいて、試料の採取、副原料の投入、鋳出しなどの作業を行います。それ以外の時間帯は、炉の近傍で待機や監視の作業を行っていましたが、現在は、炉を監視するカメラを設置するとともに空調設備とモニターのある部屋を設置して、作業者は室内で監視作業に従事できるようにしています。

(写真提供：岡野バルブ製造㈱)

⑦　スポットクーラーのダクトの延長

　G社（機械製造業）は、金属製品の加工による機械部品の製造が専門です。工場棟での溶接、旋盤、研磨、組立、試験などの作業があり、作業者は多少移動しながら作業をしています。工場棟は広く全体に空調を入れることは難しいので、作業場ごとにスポットクーラーを設置しています。その際、冷風の送気口には延長ダクトを付けて、冷風が確実に作業者に当たるように工夫し**（写真）**、溶接面には悪影響を与えないように調節しながら作業ができるようにしています。また、熱風が出る排気口にも延長ダクトを付けて、工場の窓から外に排気されるように工夫しています。

⑧　太陽光が差し込む窓へのすだれの設置

　H社（機械製造業）は、大型の金属部品の組み立てによる機械や鋼構造物の製造が専門です。工場棟では通風を確保するために窓を開放しています。その際、時刻によって窓から太陽光が差し込むために、窓にはすだれを掛けています。また、窓は高いところにもあるので、ひもですだれの上げ下ろしができるように工夫しています。

⑨　空調と扇風機の併用

　Ｉ社（設計業）は、コンピュータによる設計作業が専門です。室内は空調で温度管理を行っています。その際、扇風機を併用して、コンピュータの端末が集中している場所と冷房の給気口がある場所で気温の差が生じないように室内の空気を攪拌（かくはん）したり、足元への冷気の滞留を防いだりしています。

⑩　麦わら帽子の活用

　Ｊ社（造園業）は、花壇の手入れや植栽の剪定（せんてい）が専門です。太陽光の照射を防ぐとともに通風を確保するために、農業用の麦わら帽子で半分から後ろは日よけの布が垂れているものを利用しています。また、より効果的に照射を防ぐためにアルミ箔が塗られている麦わら帽子も利用しています。

⑪　現場監督者による健康教育と体調管理の徹底

　Ｋ社（警備業）は、駐車場や工事現場などの警備や車両の誘導が専門です。作業者には高年齢者やアルバイトの者もいます。そこで、現場の管理監督者は、作業者に対して、熱中症を予防するためには自らの健康管理が重要であることについて教育しています。具体的には、深酒などで仕事以外の生活において脱水状態に陥らないように注意すること、夜更かしをせず睡眠時間をしっかりと確保すること、出勤前には必ず食事と水分摂取を十分に行うこと、水筒を携行すること、そして、体調の異常については正直に申告することを指導しています。

⑫　発注者側の休憩場所やトイレの利用

　Ｌ社（警備業）は、建設現場付近での交通誘導の業務を請負っています。道路上には冷涼な休憩場所を設置できないことから、あらかじ

め管理監督者が、発注者側の作業者が使用している冷房の効いた休憩施設の中で、休みをとること、昼食を摂取すること、トイレを利用することについて、発注者側の了承を受けています。また、警備に従事する際に、水分や食事の摂取をはじめ、休憩場所の利用について遠慮することがないように指導しています。

⑬　圧縮空気を断熱膨張させる方式の保冷服の利用

　M社（清掃業）は、プラントのタンクや設備の清掃が専門です。化学防護服を着用する作業では、圧縮空気を断熱膨張させて冷風に変えてそれをチョッキや上着の下に入れたり保護マスクの中に入れたりする保冷服を利用しています。その際、ホースをつなげたままで作業ができるように作業位置を工夫し、また、ホースを這わせている床面の熱でホース内の空気が温まることがないように注意しています。

⑭　冷水循環方式の保冷服の利用

　N事業場（消防署）は、火事の現場において、消防服と空気呼吸器を着用したうえで、消火活動に従事する必要があります。その際は、ホースが付いた保冷服は使えませんので、氷水を背中のタンクに入れ、ポンプで繰り出し、体表面に張り巡らしたチューブの中を通して循環させる方式の冷却服を利用しています。

第9章
日常生活における熱中症の予防

1　日常生活における熱中症のリスク

（1）　熱中症リスクの増加

　わが国における夏季の気候は蒸し暑く、日常生活においても熱中症が発生しやすい条件がそろっています。近年、そのリスクは増加しています。環境側の要因としては、二酸化炭素濃度の上昇に伴う地球温暖化による真夏日や熱帯夜の日数の増加に加えて、都市部においては、アスファルトやコンクリート等の人工構造物の蓄熱や照り返し、車やエアコンの室外機等による発熱、高層ビルによる海風の遮断といった WBGT の上昇要因がそろっています。また夜間も人々が活動し、気温が下がらずヒートアイランド現象が生じています。人間側の要因としては、空調の効いた室内で生活していて自然の暑さに順化していない人や高齢者等の熱中症になりやすい人が増えています。

　さらに、大規模災害の復旧・復興作業では暑さに慣れていない人が屋外での身体活動に従事する場合や、夏季の節電や計画停電により住宅やオフィスでエアコンの使用を制限する場合もあります。

（2）　運動やレジャーにおける熱中症リスク

　運動（スポーツ）の分野では、学校のクラブ活動や運動競技だけでなく、高齢者の山歩きやウオーキングなどにも熱中症のリスクがあります。種目別では、野球が最も多く、サッカー、ラグビー、マラソン等の陸上競技、柔道、剣道などで、青少年が死亡する悲惨な事例が発

生しています。また、レジャーについては、大勢の人が集まるコンサートなどのイベント、炎天下の海や海岸での運動、自転車でのツーリングなどにも熱中症のリスクがあります。最も危険な活動は、暑熱な環境下において、アルコールを飲みながら、仲間のペースに合わせて、競技性のある運動を行うことです。脱水状態で無理な身体活動を行うことで、筋肉が壊れる横紋筋融解症から腎不全を生じたりⅢ度の熱中症を生じたりしやすくなります。

（3）大規模イベントにおける熱中症リスク

　学校や職場の夏休みなどを利用して夏季に屋外で行われるスポーツ大会やコンサート等のイベントにおいては、大勢の参加者が同時に密集することになり、群衆による熱産生、風通しの悪さ、場所移動の困難さなどによって熱中症のリスクが高まります。入場ゲート、自動販売機、トイレ、駅前などで炎天下に長い待機列が生じたり、飲料水が売り切れたり、案内表示やスタッフの所在が分からず右往左往したりすることになると、子供、高齢者、持病のある人が熱中症に陥ります。観客のほか、選手、役員、警備員、ボランティアなど年代、服装、立場が異なる多彩な関係者が混在することも熱中症のリスクを高めます。

（4）　日常生活における熱中症リスク

　日常生活における熱中症リスクに、車両内への乳幼児の放置、畑の雑草取りや庭の手入れなどの屋外作業、暑さに慣れていない人による屋外作業、調理場や洗濯場等の高温多湿な環境下での家事、高齢者だけの世帯におけるエアコンの不使用、高齢者の長風呂などがあります。特に、炎天下に置かれた自動車の車内は、ビニール製の温室よりも気温の上昇が激しく、5 〜 10 分程度で気温が 50℃を超えることもあります。高齢者が暑いのを我慢してエアコンを入れず布団をかけて

寝ていて熱中症になったという事例も発生しています。一般の労働者
にとっては、就業後のアルコール摂取過剰、翌日の欠食、睡眠不足な
どが熱中症のリスクになります。

2　日常生活における熱中症の予防

　日常生活において熱中症の発生を予防するには、屋外では、日傘を
さしたり、日陰を歩いたり帽子をかぶったりするなど直射日光を避け
て行動し、襟元の開いた服装で、うちわや扇子を携行します。出かけ
る前にあらかじめ水分を補給しておき、時間がかかりそうなときは冷
水を入れた水筒を携行します。運動や身体活動を伴う作業では、絶対
に、アルコールを飲みながら行ったり空腹や脱水のまま行ったりしな
いように、周囲にも注意を促します。散水は、地面の温度が上がらな
いうちに済ませます。

　屋内では、エアコンを使用して、快適な温熱環境となるように調節
します。エアコンを使用しない場合は、窓を開けて通風を確保したり
扇風機を利用したりします。電力消費量を減らすには、消費電力の少
ない製品をなるべく使用し、エアコンは、部屋を区切り、窓からの直
射日光はカーテンやフィルムで遮り、室内の対流を促すために扇風機
と併用します。暑さに対処する能力が低い乳幼児や高齢者を一人で放
置しないように注意します。

　仕事からの帰宅後は、翌日の出勤までに、体温を正常に戻して疲労

を回復させることが大切です。そのためには、まず、睡眠を十分に取ること、食事や飲料を十分に摂取すること、なるべく涼しい環境で安静に過ごすことに心がけること、アルコールを飲みすぎないよう注意すること、アルコールの摂取後は特に十分に水分を摂取することが大切です。熱帯夜などの場合は、夜中であってもエアコンをかけたほうが快適です。その際は、エアコンからの冷風が、体表面に直接当たらないように注意し、入眠後の気温が 28℃以下にならないように温度を設定することが重要です。外気温は深夜から朝方に向けて徐々に下がることが多いので、タイマーを利用して入眠後にスイッチが切れるように設定することが有効です。

　風呂上がりなどに体重を測定する習慣を身につけ、脱水による体重減少が生じていないかどうかにも留意します。体脂肪率を測定することができれば、脱水の場合は一般に上昇しますので、トレーニングによって筋肉量が増加した場合との区別に役立ちます。

3　スポーツ活動中の熱中症予防５ヶ条

　スポーツにおける熱中症を予防するために（公財）日本スポーツ協会は、スポーツ活動における熱中症事故予防に関する研究班を設置し、熱中症の実態調査、スポーツ現場での測定、研究を実施しました。その成果は、1994 年に「熱中症予防のための運動指針」として公表され、2006 年には「スポーツ活動中の熱中症ガイドブック」が取りまとめられています。

　同ガイドブックは、2019 年に「スポーツ活動中の熱中症予防ガイドブック」として改訂され、その概要を「スポーツ活動中の熱中症予防５ヶ条」（**表９-1**）として掲げています。特に、WBGT 値に応じて行うべき対応を分かりやすく示した「熱中症予防運動指針」（**図９-1**）は社会に広く普及しています。また、「暑熱順化のためのトレーニングポイント」（**表９-2**）が示されています。

表9-1　スポーツ活動中の熱中症予防５ヶ条

1　暑いとき、無理な運動は事故のもと

　気温が高いときほど、また同じ気温でも湿度が高いときほど、熱中症の危険性は高くなります。また、運動強度が高いほど熱の産生が多くなり、やはり熱中症の危険性も高くなります。暑いときに無理な運動をしても効果はあがりません。環境条件に応じて運動強度を調節し、適宜休憩をとり、適切な水分補給を心掛けましょう。

2　急な暑さに要注意

　熱中症事故は、急に暑くなったときに多く発生しています。夏の初めや合宿の初日、あるいは夏以外でも急に気温が高くなったような場合に熱中症が起こりやすくなります。急に暑くなったら、軽い運動にとどめ、暑さに慣れるまでの数日間は軽い短時間の運動から徐々に運動強度や運動量を増やしていくようにしましょう。

3　失われる水と塩分を取り戻そう

　暑いときには、こまめに水分を補給しましょう。汗からは水分と同時に塩分も失われます。スポーツドリンクなどを利用して、0.1～0.2％程度の塩分も補給するとよいでしょう。

　水分補給量の目安として、運動による体重減少が2％を超えないように補給します。運動前後に体重を測ることで、失われた水分量を知ることができます。運動の前後に、また毎朝起床時に体重を測る習慣を身につけ、体調管理に役立てることが勧められます。

4　薄着スタイルでさわやかに

　皮膚からの熱の出入りには衣服が影響します。暑いときには軽装にし、素材も吸湿性や通気性のよいものにしましょう。屋外で、直射日光がある場合には帽子を着用するとよいでしょう。防具をつけるスポーツでは、休憩中に衣服をゆるめ、できるだけ熱を逃がしましょう。

5　体調不良は事故のもと

　体調が悪いと体温調節能力も低下し、熱中症につながります。疲労、睡眠不足、発熱、風邪、下痢など、体調の悪いときには無理に運動をしないことです。また、体力の低い人、肥満の人、暑さに慣れていない人、熱中症を起こしたことがある人などは暑さに弱いので注意が必要です。学校で起きた熱中症死亡事故の７割は肥満の人に起きており、肥満の人は特に注意しなければなりません。

((公財) 日本スポーツ協会「スポーツ活動中の熱中症予防ガイドブック（2019）」)

WBGT (℃)	湿球温度 (℃)	乾球温度 (℃)		
31 28	27 24	35 31	運動は原則中止	特別の場合以外は運動を中止する。特に子どもの場合には中止すべき。
			厳重警戒 （激しい運動は中止）	熱中症の危険性が高いので、激しい運動や持久走など体温が上昇しやすい運動は避ける。10〜20分おきに休憩をとり水分・塩分を補給する。暑さに弱い人※は運動を軽減または中止する。
28 25	24 21	31 28	警戒 （積極的に休憩）	熱中症の危険が増すので、積極的に休憩をとり適宜、水分・塩分を補給する。激しい運動では、30分おきくらいに休憩をとる。
25 21	21 18	28 24	注意 （積極的に水分補給）	熱中症による死亡事故が発生する可能性がある。熱中症の兆候に注意するとともに、運動の合間に積極的に水分・塩分を補給する。
21	18	24	ほぼ安全 （適宜水分補給）	通常は熱中症の危険は小さいが、適宜水分・塩分の補給は必要である。市民マラソンなどではこの条件でも熱中症が発生するので注意。

1) 環境条件の評価には WBGT（暑さ指数とも言われる）の使用が望ましい。
2) 乾球温度（気温）を用いる場合には、湿度に注意する。湿度が高ければ、1ランク厳しい環境条件の運動指針を適用する。
3) 熱中症の発症のリスクは個人差が大きく、運動強度も大きく関係する。運動指針は平均的な目安であり、スポーツ現場では個人差や競技特性に配慮する。
※暑さに弱い人：体力の低い人、肥満の人や暑さに慣れていない人など。

図９-１　熱中症予防運動指針

（(公財)日本スポーツ協会「スポーツ活動中の熱中症予防ガイドブック（2019）」）

　そして、熱射病が疑われる場合の身体冷却法としては、医療職がいて設備があれば氷水に全身を浸して冷却する方法（冷（氷）水浴法）を最も推奨しています。水道につないだホースで全身に水をかけ続ける方法（水道水散布法）を次に推奨し、それも難しい場合は、空調の効いた保健室に収容して氷水の洗面器やバケツで濡らしたタオルを全身に乗せて次々に取り換え、扇風機も併用し、氷やアイスパックなどを頸部、腋の下、脚の付け根など太い血管に当てて追加的に冷やすことを推奨しています。さらに、参考として、アメリカスポーツ医学会による「市民マラソンのための運動指針」（表９-３）も示されています。

表９-２　暑熱順化のためのトレーニングポイント

１ 開始時期
・気温が高くなり始める５〜６月から開始する
・暑熱環境地域に移動して競技会に参加する場合は、５日間以上前に現地に入り、トレーニングを行う

２ 暑熱順化に必要な期間および持続性
・トレーニング開始から順化の効果が表れるまで５日間を要する
・トレーニングを中止した場合、短い場合は１週間、長くても１か月でその効果は消失する
・順化のためのトレーニングは、３日間以上間をあけない

３ トレーニングの強度、時間、服装など
・最大酸素摂取量の 50 〜 75% の強度の運動を 30 〜 100 分実施する（環境条件や個々の体力を考えて実施する）
・強度及び運動継続時間は、順化が進むにつれて漸増する
・服装は汗の蒸発を妨げない服装が好ましい

４ その他
・非暑熱下でのトレーニングや暑熱環境曝露のどちらかだけでは効果が小さい
・順化トレーニングにより発汗量は増加するため、より多くの水分を補給することが必要である

((公財)日本スポーツ協会「スポーツ活動中の熱中症予防ガイドブック（2019）」)

表９-３　市民マラソンのための運動指針

WBGT (℃)	熱中症の危険度	フラッグカラー	警告
28	極めて高い	黒	熱中症の危険性が極めて高い。出場取消。
23	高い	赤	熱中症の危険性が高く、厳重注意。トレーニング不足の場合は出場取消。
18	中等度	黄	レース途中で気温や湿度が上昇すると危険性が増すので、注意。熱中症の兆候に注意し、必要ならばペースダウンする。
10	低い	緑	熱中症の危険性は低い。ただし熱中症が起こる可能性もあり注意が必要。
	低い	白	低体温症の危険性がある。雨天、風の強い日には特に注意が必要。

((公財)日本スポーツ協会「スポーツ活動中の熱中症予防ガイドブック（2019）」)

4　日常生活における熱中症予防指針

　日常生活における熱中症を予防するために、日本生気象学会は、2006 年に熱中症予防研究委員会を発足させ、2008 年に「日常生活における熱中症予防指針」（**表 9-4**）を取りまとめ、2022 年に改訂版を示しています。

　この指針では、熱中症を「皮膚の障害などを除外した暑熱障害（heat disorders）」と定義し、その発症には、温熱環境（温度、湿度、気流、放射熱（輻射熱））、生活活動強度（運動、労働、日常生活）、個体（性、年齢、既住歴、健康状態）が関係するとしています。

　この指針は、まず、温熱環境の評価基準について、日最高気温よりも熱中症による死亡者数や救急患者搬送数との相関が高く地域差の影響も除外しやすい WBGT を採用し、日本スポーツ協会と同様に WBGT を

表 9-4　日常生活における熱中症予防指針

温度基準 （WBGT）	注意すべき 生活活動の目安	注意事項
危険 （31℃以上）	すべての生活活動で おこる危険性	高齢者においては安静状態でも発生する危険性が大きい。外出はなるべく避け、涼しい室内に移動する。
厳重警戒 （28〜31℃）		外出時は炎天下を避け、室内では室温の上昇に注意する。
警戒 （25〜28℃）	中等度以上の生活活動でおこる危険性	運動や激しい作業をする際は定期的に充分に休息を取り入れる。
注意 （25℃未満）	強い生活活動でおこる危険性	一般に危険性は少ないが激しい運動や重労働時には発生する危険性がある。

（ここでの WBGT はその日の最高気温時の気温と湿度から推定されるものである）（28〜31℃は 31℃未満の意味）

（日本生気象学会「日常生活における熱中症予防指針」Ver. 4 2022）

4段階（危険：31℃以上、厳重警戒：28〜31℃、警戒：25〜28℃、注意：25℃未満）に分けています。ここで、黒球温を測定できない場合に備えて、WBGT と当日の最高気温時の乾球温度や湿球温度との関係や当日の最高気温時の気温と湿度による推定値を示しています。このうち、後者は、厚生労働省労働基準局長が発出した熱中症予防通達にそのまま採用されています。また、生活活動強度の評価基準として代表的な活動を例示して3段階（軽い：3.0METs 未満、中等度：3.0METs 以上6.5METs 未満、強い：6.5METs 以上）に分けています（**表9-5**）。ただし、熱中症の発生は生活活動の強度だけでなく時間により大きく影響されるので定期的な休息と水分補給の必要があると注釈しています。そして、WBGT の基準域ごとに注意すべき生活活動強度の目安と注意事項を示しています（表9-4）。

　そして WBGT で分類した4段階の区分よりも1段階上の区分に分類

表9-5　注意すべき生活活動強度の目安

軽い	中等度	強い
休息・談話	自転車（16km/ 時未満）	ジョギング
食事・身の回り	速歩（95 〜 107m/ 分）	サッカー
楽器演奏	掃除（はく・ふく）	テニス
裁縫（縫い、ミシンかけ）	布団あげおろし	自転車（約20km/ 時）
自動車運転	体操（強め）	リズム体操
机上事務	階段昇降	エアロビクス
乗物（電車・バス立位）	床磨き	卓球
洗濯	垣根の刈り込み	バドミントン
手洗い、洗顔、歯磨き	庭の草むしり	登山
炊事（料理・かたづけ）	芝刈り	剣道
買い物	ウォーキング（107m/ 分）	水泳
掃除（電気掃除機）	美容体操	バスケットボール
普通歩行（67m/ 分）	ジャズダンス	縄跳び
ストレッチング	ゴルフ※	ランニング（134m/ 分）
ゲートボール※	野球・ソフトボール※	マラソン

※野球・ソフトボールやゴルフ、ゲートボールは、活動強度は低いが運動時間が長いので要注意
（日本生気象学会「日常生活における熱中症予防指針」Ver. 4 2022）

すべき環境、活動、個体の要因がまとめて示されています（**表9-6**）。これに関して、発汗や体温調節などに影響して熱中症を起こしやすい薬剤も示しています（**表9-7**）。ただし、環境に対する人の反

表9-6　一段階上の区分の温度基準を適用すべき要注意事項

1	幼児・学童 体温調節機能が未発達で、保護者による水分や塩分の補給が必要
2	65歳以上の高齢者、特に75歳以上の後期高齢者 発汗能や口渇感等の体温調節機能が低下
3	肥満者
4	仕事や運動（スポーツ）に無理をしすぎる人、頑張りすぎる人
5	基礎疾患*のある人、寝たきりの人、熱中症の発症を助長する薬（表9-7）を服用している人 *高血圧、心疾患、慢性肺疾患、肝臓病、腎臓病、内分泌疾患など
6	発熱、下痢、二日酔い、睡眠不足等、体調不良の場合
7	農作業、安全対策の必要な作業等で厚着、安全服等で全身を覆う場合
8	急激に高温となった場合 暑さに慣れていない6月以前、また、日常生活における高温ばく露の経験が少ない場合 涼しい場所から高温の場所への旅行や移動の場合 気象変化などで急激に高温となった場合など
9	特殊な場合 保護者の不注意等による乳幼児の自動車内放置事故

表9-7　熱中症の発症を助長する薬

> 抗コリン作用のある薬（＝発汗抑制作用）
> 　　鎮痙薬*、頻尿治療薬*、パーキンソン病治療薬*、抗ヒスタミン薬、抗てんかん薬、睡眠薬・抗不安薬、自律神経調節薬、抗うつ薬、β遮断薬、ある種の抗不整脈薬、麻薬
> 利尿剤
> 興奮剤・覚せい剤（＝代謝亢進作用）
> 抗精神病薬*（＝体温調節中枢抑制作用）

*医薬品添付文書に、「発汗（あるいは体温調節中枢）が抑制されるため、高温環境では体温が上昇するおそれがある」との記載のあるもの。

応には個人差があるとされています。

　なお、停車中の自動車の車内温度は数分で50℃以上になるので、エンジンをかけていてもクーラーは切れることもあり、季節にかかわらず短時間であっても絶対に車内に子どもだけを残してはならないことが特筆されています。

　この指針は、水分と塩分を補給する目安も示しています。日常生活においては常に不感蒸泄があり、睡眠時や入浴時には発汗もするので、就寝前、起床時、入浴前後にコップ1杯（約200mL）の水分を補給し、日中はコップ半分程度の水分を定期的に（1時間に1回程度）補給するよう勧めています。そして、のどの渇きを感じる前に水分補給を心掛けるよう勧めています。特に、高齢者は口渇感等の感覚が衰えていることに注意するよう示しています。運動時や作業時には、体重の2%以上の脱水を起こさないよう注意して、体重減少量の7〜8割程度の水分を目安に補給するよう勧めています（表9-8）。大量に発汗する

表9-8　作業前後の水分・塩分の補給

作業前：コップ1〜2杯程度の水分・塩分を補給する。

作業中：コップ半分〜1杯程度の水分・塩分を20〜30分ごとに補給する。

作業後：30分以内に水分・塩分を補給する。

作業前　➡　作業中　➡　作業後

運動時や作業時には水分と同時に塩分補給が重要で、0.2％程度の塩分を含む水分を補給するよう心掛けるよう勧めています。

　飲酒する時は、アルコールの利尿作用によって飲酒量以上の水分を排泄するので、飲酒後には十分な水分補給が必要です。また、空調を使用している時は、室内空気が乾燥することから気がつかないうちに脱水を生じるので、こまめな水分補給が必要なことが示されています。

5　夏季のイベントにおける熱中症対策

　東京オリンピック 2020 に備えて、環境省が取りまとめた「夏季のイベントにおける熱中症対策ガイドライン」は、夏季にイベントを企画する際に考慮すべき具体的な熱中症対策(**表9-9**)を示しています。入退場口、トイレ、給水場所、バス停、駅前などで参加者が行列になったり滞留したりしないように、設備や装備を工夫し、人員を配置し、分かりやすい案内を表示して、スタッフが誘導します。どうしても集まりやすいところは日除けのある場所になるように工夫します。刻々

表9-9　夏季イベントにおける熱中症対策

客席への直射日光を防ぐ
客席への風通しを確保する
炎天下の待機（入退場口、トイレ、給水場所等）を防ぐ
参加者の滞留（入退場口、バス停、駅前等）を防ぐ
整理券や指定券などを利用して待機を防ぐ
待機列は日陰（樹林帯や日除けの下など）に作る
風通しのよい日陰の休憩場所を確保する
給水施設（自動販売機等）を設置する
飲料水を十分に準備して売り切れを防ぐ
放送や掲示により観客に休憩や飲水などを啓発する
スタッフを配置して問合せに応じやすくする
救護所を設置してわかりやすく表示する

(環境省「夏季のイベントにおける熱中症対策ガイドライン 2020」（一部改変）)

と変化する気温、湿度、WBGT 等の気象条件を測定して参加者が容易に確認できるように表示するとともに、体調の悪い人を収容して救急搬送できるように空調の効いた救護所を設置します。これらに備えるためには、大会を実施する前に、想定される気象条件ごとに人の流れを予想した企画を立て、大会当日は本部に情報が一元化されるようにするなど指揮命令系統を確認します。また、必要に応じて（一社）日本イベント産業振興協会が養成するイベント業務管理士に依頼して助言を受けます。

6　熱中症警戒アラート

　環境省と気象庁は、午前 5 時と午後 5 時に、暑さ指数（WBGT）が 33 以上になることが予想される都道府県に「熱中症警戒アラート」を発表し、報道等を通じて国民に危険な暑さへの注意を呼びかけ、「屋内外での運動は、原則中止または延期する」、「高齢者、子ども、障害者等に対して周囲の方々から声かけをする」などの熱中症予防行動を促しています。

　2023 年には、気候変動適応法が改正され、一段上の「熱中症特別警戒アラート」が発表される予定です。数十年に一度といった極端な高温が予想され、その時期や地域特性（エアコン普及率、複合災害の有無等）を考慮して健康に重大な被害の発生が予想される場合に発表し、都道府県にエアコンが使える図書館や商業施設などの指定した避暑施設（クーリングシェルター）の開放を義務づける予定です。

7　市街地の暑さ対策

　20 世紀後半から二酸化炭素濃度は急上昇を続けており、人口密集地域では気候変動による気温上昇が進むことが予測されていることから、環境省は、市街地の暑さ対策として、日傘や打ち水などのソフト面ではなくハード面の対策に関する技術や評価について取りまとめた

「まちなかの暑さ対策ガイドライン」を示しています。例えば、交差点近くの木陰や商店街での微細ミスト設備を設置するなど市街地における体感温度を下げるための都市計画や建物設計などを示しています。歩行者の上方や側方、路面などの方角ごとに可能な対策（**表9-10**）がまとめられ、体感温度（標準有効温度：SET）を下げる効果のほか、水、電気、工事の必要性や費用などが比較されています。多彩な対策を比較して評価すると、日射を遮る樹木の設置が費用対効果の優れた対策とされています。

8　節電下における熱中症予防対策

　夏季に節電や計画停電が求められた際には、熱中症の予防とエアコンによる電力消費の削減とのバランスを取る必要があります。エアコ

表9-10　市街地の暑さ対策

```
歩行者の上方　日射の低減
 ・樹木・藤棚等による緑陰
 ・人工日除け（屋根、テラス等）
 ・窓面等の再帰反射化（窓や壁面を上空に反射して歩行者への反射を抑制）
歩行者の側方　高温化抑制と冷却
 ・壁面等の緑化（壁面の温度上昇を抑制）
 ・壁面等の保水化・親水化（冷却ルーバーを通過する風を冷やす等）
歩行者の中心　空気や身体の冷却
 ・微細ミスト
 ・送風ファン
 ・冷却ベンチ（冷水などを導水したベンチ）
歩行者の下方　地表面などの高温化抑制と冷却
 ・地表面等の保水化（路面の温度上昇を抑制）
 ・地表面等の遮熱化（日射を上空に反射）
 ・地表面等の緑化（地面の温度上昇を抑制）
```

（出典：環境省「まちなかの暑さ対策ガイドライン」（一部改変））

ンの使用を控えることで、かえって長い時間を要したりミスが多発したりしないような工夫が必要です。そこで、日本産業衛生学会は、その温熱環境研究会での検討結果を踏まえて、2011 年 6 月に、「節電下の事務作業において事業者が講ずべき労働者の熱中症予防対策」を公表しました（**表 9-11**）。この内容は、事務作業を想定していますので、屋内での日常生活における動作でも参考になります。

表9-11　節電下の事務作業において事業者が
講ずべき労働者の熱中症予防対策

1) 午後の作業時間を調整すること

　時間外の作業をなるべく減らすこと

　労使協定等に配慮した上で労働日や労働時間の配分を変更すること

　夏時間制を導入し、終業時間を早めること

　出張や顧客企業等の訪問は自宅からの直行や直帰を許可すること

　在宅で可能な業務を選定して許可すること

　夏期休暇の取得を促すこと

2) エアコンの設定温度に頼らず、作業者がいる場所の環境条件を測定し、快適に維持すること

　室温は28℃以下に維持すること

　湿度は70%以下に維持すること

　室温が28℃に近いときは湿度がなるべく低くなるように維持すること

3) エアコンが効きやすくなるように、次のような工夫をすること

　作業者のいる場所を集約して冷やす空間を区切ること

　作業者のいる時間を短くして冷やす時間を限定すること

　事務機器類は作業者からなるべく離して置くこと

　放射熱や熱風は衝立で遮断すること

　蒸気や熱気は上方から排気すること

　使用頻度の低い機器の電源は切ること

　　例：給湯器、自動販売機、テレビ、プロジェクタ

　発熱量の少ない省電力型の機器を導入すること

　　例：LEDランプ

　部屋に出入りする扉を限定すること

　扇風機を併用して冷気の対流を促すこと

4) エアコンを使用しないときは、窓やドアを開き扇風機や換気扇で風通しを確保すること

5) 窓からの直射日光を遮ること

　窓に遮光フィルムを貼付すること

　カーテン、ブラインド、すだれを使用すること

　ベランダに日よけのプランタを設置し、つる植物を植えること

6）外出者には直射日光の回避と汗の蒸発を促すこと

日陰を選んで歩くよう指導すること

日傘や日よけ付きの帽子を使用させること

団扇や扇子を携行させること

汗を効率的に吸収して気化させる素材のタオル等を使用すること

7）クールビズの服装を心がけさせること

風が服の中にも通るように半袖で襟元を開放的にすること

軽装でも可能な業務を選定し許可すること

通気性と透湿性がよい生地のものを着用させること

赤外線を吸収しにくい白地のものを着用させること

8）作業者に日常生活で体温と体重を維持するよう指導すること

睡眠を6時間以上は確保させること

規則正しい食事をさせること

入浴後、就寝前、起床時に水分を補給させること

アルコールの飲み過ぎに注意させ、飲んだ後には十分な水分を補給させること

体温と体重を測定させて、その日のうちに正常に戻すことをめざさせること

9）作業者と管理監督者に教育を行うこと

熱中症を予防する方法について教育を行うこと

熱中症が発生した場合の救急処置、連絡方法、救急搬送の方法について周知させること

10）次の体調が不良な者や持病がある者等は、産業医や主治医の意見を求め、その指示に基づいて必要な措置を講じること

風邪症状がある者

睡眠不足の者

脱水状態が疑われる者

出勤前に食事をしていない者

下痢や発熱がある者

前日のアルコールの影響が残っている者

強い疲労感、吐き気、めまいなどの症状のある者

脳、心臓（高血圧症を含む）、腎臓、消化管、神経の疾病、糖尿病等がある者

第10章
熱中症予防の法令

1 熱中症予防の法令

（1） 業務上疾病としての熱中症

　熱中症は、業務上疾病を列挙している労働基準法施行規則別表の第1の2第2号8に掲げられている疾病です。厚生労働省労働基準局は認定基準等を示していません。2023年から始まる第14次労働災害防止計画では、具体的取組みが求められる重点事項として熱中症の防止対策を挙げています。

（2） 法令に基づく熱中症予防対策

　熱中症に関しては、鉛や有機溶剤のように労働衛生に関する特別な省令は制定されていません。そこで、事業者は、労働安全衛生規則や労働基準法施行規則等に規定された暑熱な職場や作業に関する条項にしたがって、熱中症予防対策を実施しなければなりません。

　これらの省令は、「熱中症」という単語を使用していませんが、1948年以来、「多量の高熱物体を取り扱う業務及び著しく暑熱な場所における業務」や「暑熱又は多湿の屋内作業場」といった表現が使用されてきました。そして、事実上の熱中症予防対策として、半月ごとに1回の作業環境の測定、熱気の屋外への排出、通風などによる温湿度の調節、塩と飲料水の整備、立ち入りの禁止、18歳未満の者や妊娠中である者による時間外労働の制限（2時間以内）等が規定されています（**表10-1**）。このうち、作業環境を測定する方法については、

表10-1　労働衛生関係法令が規定する高温環境の規定（抄）

1　労働衛生管理体制関係

　多量の高熱物体（100℃以上の鉱物など）を取り扱う業務*及び著しく暑熱な場所（乾球温40℃、湿球温32.5℃、黒球50℃以上など）における業務*に500人以上が常時使用されている事業場では、専属の産業医を選任しなければならない（安衛則第13条）

2　作業環境管理関係

1）暑熱又は多湿の屋内作業（炉前作業など）**では、半月以内ごとに1回、定期に気温、湿度、輻射熱を測定しなければならない（安衛法第65条、安衛則第587条、第607条）

2）多量の熱を放散する溶融炉等では、熱気を直接屋外に排出し輻射熱から労働者を保護しなければならない（安衛則第608条）

3）坑内の作業場では、半月以内ごとに1回、定期に気温を測定し、気温を37℃以下としなければならない（安衛則第589条、第611条、第612条）

4）空調のある事務室では、気温18〜28℃、湿度40〜70%になるように努めなければならない（事務所則第5条）。中央管理方式の空調のある事務室では、2か月以内ごとに1回、定期に室温、外気温、湿度を測定しなければならないが、温度が17〜28℃で湿度が40〜70%であれば、年に3回でよい（事務所則第7条）。

3　作業管理関係

1）多量の高熱物体を取り扱う業務及び著しく暑熱な場所における業務*では、立ち入りの禁止、保護具の準備、休憩設備の設置（安衛則第585条、第593条、第596条、第614条等）

2）暑熱（湿黒球温28℃以上）又は多湿（湿度85%以上）**の屋内作業場は、通風や冷房などで温湿度を調節しなければならない（安衛則第606条）

3）加熱炉の修理では、適当に冷却した後（黒球温55℃以下）**でなければ内部に立入らせてはならない（安衛則第609条）

4）多量の発汗を伴う作業場では、塩及び飲料水を備えなければならない（安衛則第617条）

4　健康管理関係

　多量の高熱物体を取り扱う業務及び著しく暑熱な場所における業務*では、6月以内ごとに1回、特定業務従事者の健康診断を実施しなければならない（安衛則第45条）

5　労働基準関係

1）多量の高熱物体を取り扱う業務及び著しく暑熱な場所における業務***

では、法定労働時間外に 2 時間を超えて就業させてはならない（労基則第 18 条）

2）同業務＊＊＊に 18 歳未満の年少者及び妊産婦を就業させてはならない（年少則第 8 条、女性則第 2 条）

安衛法：労働安全衛生法	年少則：年少者労働基準規則
安衛則：労働安全衛生規則	女性則：女性労働基準規則
労基則：労働基準法施行規則	事務所則：事務所衛生基準規則

＊　　著しく暑熱な場所：乾球 40℃、湿球 32.5℃、黒球 50℃、感覚温度 32.5℃以上の作業場所
　　　高熱物体を取り扱う業務：100℃の鉱物や溶融物を取扱う業務（昭和 23 年 8 月 12 日付け基収第 1178 号）
＊＊　暑熱の屋内作業場：湿黒球寒暖計 28℃以上の作業場所
　　　多湿の屋内作業場：相対湿度 85％以上の作業場所
　　　適当に冷却した気温：黒球寒暖計 55℃以下にすること（昭和 33 年 2 月 13 日付け基発第 90 号）
＊＊＊溶融金属を取り出し、又は、炉の状況を監視する作業、溶融金属を運搬、又は、鋳込みする作業等（昭和 43 年 7 月 24 日付け基発第 472 号）

1976 年に公表された作業環境測定基準には示されていますが、1988 年に公表された作業環境評価基準には温熱環境に関して結果を評価する方法を示していません。なお、これらの法令の具体的内容は次項以降で詳説します。

（3）　熱中症予防対策に関する通達

　1994 年に熱中症による死亡災害が初めて 20 例を記録してから、労働衛生行政として新しい熱中症予防対策が始められ、1996 年に、「熱中症の予防について」（平成 8 年 5 月 21 日付け基発第 329 号）が公表されました。

　2005 年には、「熱中症の予防対策における WBGT の活用について」（平成 17 年 7 月 29 日付け基安発第 0729001 号）が示され、作業環境測定基準が示す方法とは別に WBGT（Wet Bulb Globe Temperature、湿球黒球温度）の測定が促されました。

　2009 年には「職場における熱中症の予防について」（平成 21 年 6 月 19 日付け基発第 0619001 号）が公表され、ISO7243 や ACGIH の TLVs® に基づく WBGT 基準値が示され、この値を超えた場合には作業環境管理、作業管理、健康管理、労働衛生教育、救急処置に関する熱中症予防対策を徹底するよう指導されました。この通達は 2021 年に「職場における熱中症予防基本対策要綱の策定について」（令和 3 年 4 月 20 日付け基発 0420 第 3 号）として改正されました。主な変更点は、① ISO7243 : 2017 に合わせて WBGT 基準値を改正したこと、②初めて「暑熱順化」という用語を使用したこと、③感染症拡大防止のために不織布マスク等を着用しても熱中症の発症リスクを高めるデータは示されていないことから WBGT 基準値の補正は必要ないとしたこと、④ WBGT の測定は日本産業規格 JIS Z 8504 : 2021 を参考にするよう示したことなどです。

　そして、2017 年からは、毎年 5 月 1 日から 9 月 30 日まで、厚生労働省や中央労働災害防止協会等が主唱して「STOP !熱中症　クールワークキャンペーン」が行われています。毎年 2 月頃に実施要綱が厚生労働省労働基準局安全衛生部労働衛生課から公表されます。

　本書の第 7 章では、これらの通達の内容について詳説しています。

2　作業環境測定

（1）　法令に示されている温熱条件の測定場所

　労働安全衛生法令は、作業の種類などに応じて、職場の温熱条件を測定しなければならないことについて規定しています。

　作業環境測定を実施しなければならない作業場は、労働安全衛生法（以下、安衛法）第 65 条に基づいて労働安全衛生法施行令（以下、安衛令）第 21 条で規定されていますが、それらのうちに、温熱環境の測定が義務づけられているものは次に示す 3 つの作業場があります。

　まず、「暑熱、寒冷又は多湿の屋内作業場」（**表 10-2** の 1）があり、

表 10-2　温熱条件の作業環境測定を実施しなければならない作業場

1　暑熱、寒冷又は多湿の屋内作業場（安衛令第 21 条第 2 号、安衛則第 587 条）

第 1 号　溶鉱炉、平炉、転炉又は電気炉により鉱物又は金属を製錬し、又は精錬する業務を行なう屋内作業場

第 2 号　キユポラ、るつぼ等により鉱物、金属又はガラスを溶解する業務を行なう屋内作業場

第 3 号　焼鈍炉、均熱炉、焼入炉、加熱炉等[注]により鉱物、金属又はガラスを加熱する業務を行なう屋内作業場

第 4 号　陶磁器、レンガ等を焼成する業務を行なう屋内作業場

第 5 号　鉱物の焙焼又は焼結の業務を行なう屋内作業場

第 6 号　加熱された金属の運搬又は圧延、鍛造、焼入、伸線等の加工の業務を行なう屋内作業場

第 7 号　溶融金属の運搬又は鋳込みの業務を行なう屋内作業場

第 8 号　溶融ガラスからガラス製品を成型する業務を行なう屋内作業場

第 9 号　加硫がまによりゴムを加硫する業務を行なう屋内作業場

第 10 号　熱源を用いる乾燥室により物を乾燥する業務を行なう屋内作業場

第 11 号　多量の液体空気、ドライアイス等を取り扱う業務を行なう屋内作業場

第 12 号　冷蔵庫、製氷庫、貯氷庫又は冷凍庫等で、労働者がその内部で作業を行なうもの

第 13 号　多量の蒸気を使用する染色槽により染色する業務を行なう屋内作業場

第 14 号　多量の蒸気を使用する金属又は非金属の洗浄又はめつきの業務を行なう屋内作業場

第 15 号　紡績又は織布の業務を行なう屋内作業場で、給湿を行なうもの

第 16 号　前各号に掲げるもののほか、厚生労働大臣が定める屋内作業場（現在、規定なし）

2　坑内の作業場（安衛令第 21 条第 4 号、安衛則第 589 条）

第 2 号　気温が 28 度をこえ、又はこえるおそれのある坑内の作業場

3　中央管理方式の空気調和設備（空気を浄化し、その温度、湿度及び流量を調節して供給することができる設備をいう。）を設けている建築物の室で、事務所の用に供されるもの（安衛令第 21 条第 5 号）

（注）「加熱炉等」の「等」の解釈は、昭和 47 年 9 月 18 日付け基発第 601 号の 1 で示されています。例示した第 3 号の「加熱炉等」には「窒化炉、浸炭炉、焼ならし炉、パテンチング炉、ブルーイング炉」が含まれています。

具体的には、労働安全衛生規則（以下、安衛則）第 587 条において、作業列挙方式により定義されています。

　次に、「坑内の作業場」（**表 10-2** の 2）があり、具体的には、安衛則第 589 条において定義されています。

　さらに、事務所則において「中央管理方式の空気調和設備（空気を浄化し、その温度、湿度及び流量を調節して供給することができる設備をいう。）を設けている建築物の室で、事務所の用に供されるもの」（**表 10-2** の 3）においても温熱環境を測定しなければならないことになっています。

(2)　温熱条件にかかる作業環境測定項目

　温熱条件についての作業環境測定の測定項目は**表 10-3** のとおり規定されています。

表 10-3　温熱条件の作業環境測定を実施しなければならない作業場

暑熱、寒冷又は多湿の屋内作業	「気温」「湿度」及び「輻射熱」（輻射熱は安衛則第 587 条第 1 号から第 8 号に規定された暑熱な屋内作業場のみ）（安衛則第 607 条）
坑内の作業場	「気温」（安衛則第 612 条）
中央管理方式の空気調和設備を設けている建築物の室で、事務所の用に供されるもの	「室温」「外気温」及び「相対湿度」（事務所則第 7 条）

(3)　測定頻度

　測定頻度は、「暑熱、寒冷又は多湿の屋内作業場」と「坑内の作業場」は「半月以内ごとに 1 回」、「中央管理方式の空調のある事務室」は「2 月以内ごとに 1 回」と規定されています。ただし、後者については、

前年1年間に、当該室の気温が17度以上28度以下および相対湿度が40%以上70%以下である状況が継続している場合には、3月から5月までの期間（春季）または9月から11月までの期間（秋季）、6月から8月までの期間（夏季）および12月から2月までの期間（冬季）にそれぞれ1回、すなわち年3回の測定でよいと規定されています。

（4）　測定記録

　測定記録は、いずれの作業場についても、「測定日時」「測定方法」「測定箇所」「測定条件」「測定結果」「測定を実施した者の氏名」「測定結果に基づいて改善措置を講じたときは、当該措置の概要」の7項目を記載し、3年間保存しなければならないと規定されています。

（5）　測定方法

　測定方法は、「暑熱、寒冷又は多湿の屋内作業場」については作業環境測定基準（以下、測定基準）第3条において、「気温」と「湿度」は0.5度目盛のアスマン通風乾湿計により単位作業場所の中央部の床上50～150cmで1か所以上測定すること、また「輻射熱」は0.5度目盛の黒球寒暖計により作業場所で熱源に最も近い位置で測定することと規定されています（**表10-4**）。

　一方、「熱中症の予防対策におけるWBGTの活用について」（平成17年7月29日付け基安発第0729001号）は、暑熱な作業場についてはWBGTを測定して評価することを促しています。なお、このWBGTを測定する方法については、JIS Z 8504に基づいて、ガーゼで濡らした温度計で測定する自然湿球温、黒球で測定する黒球温、通常の温度計で測定する乾球温の3つを測定して計算式で求める方法とWBGTを直接計測できる計測器で測定する方法があります。

　「坑内の作業場」については、測定基準第5条において、0.5度目盛の温度計により切羽と坑口（または切羽に最も近い分岐点）との中

間の位置および切羽でそれぞれ１か所以上測定することと規定されています。

「中央管理方式の空調のある事務室」については測定基準第６条により、「室温」と「外気温」は 0.5 度目盛の温度計により、「相対湿度」は 0.5 度目盛の乾湿球の湿度計により、「室温」と「相対湿度」は事務室の中央部の床上 75 ～ 120cm で１か所以上測定することと規定しています。測定機器については、規定されている機器と同等以上の性能を有するものであれば可とされています。

なお、これらの温度環境に関する作業環境の測定を行う者は、作業環境測定士などの特別な資格を要しません。

（6）　測定上の留意点

実際の測定では、以下の事項に注意します。

アスマン通風乾湿計は、測定するたびごとにガーゼを湿らす必要が

表 10-4　労働衛生関係法令及び作業環境測定基準が示す高温環境の作業環境測定の方法

作業場所　　項目	測定頻度	測定点	測定機器
暑熱な作業場等の「気温」「湿度」	半月以内ごとに１回	単位作業場所の中央部の床上 50 ～ 150cm に１か所以上	0.5 度目盛のアスマン通風乾湿計
暑熱な作業場等の「輻射熱」	半月以内ごとに１回	作業場所で熱源に最も近い位置	0.5 度目盛の黒球寒暖計
坑内の作業場の「気温」	半月以内ごとに１回	切羽及び切羽と坑口（分岐点）との中間の位置にそれぞれ１か所以上	0.5 度目盛の温度計
中央管理方式の空気調和設備のある事務室の「気温」「相対湿度」	2 月以内ごとに１回	事務室の中央部の床上 75 ～ 120cm で１か所以上	0.5 度目盛の温度計、乾湿球の湿度計

アスマン通風乾湿計は
測定するたびに
ガーゼで湿らす

アスマン通風乾湿計

あること、ゼンマイは約5分で回転が止まることに留意すること、ファンの排気口付近に強い気流が吹きつけないように工夫したり風防金具を装着すること、本体の金属が熱せられてしまわないように輻射熱を遮蔽したり手で握り締めたりしないように注意します。

　また、黒球寒暖計は、冷房の効いた場所に保管していた場合などでは示度が安定するまで待つこと、内部で加熱されて膨張する空気を逃がすためにゴム栓に溝を作っておくこと、強い気流が吹きつけないように工夫します。

3　作業環境管理

　労働安全衛生法令は、作業環境測定をした結果などに基づき作業環境を適切に管理しなければならないことについて、次のとおり規定しています。

①　作業場の温湿度の調節について、「暑熱、寒冷又は多湿の屋内作業場で、有害のおそれがあるものについては、冷房、暖房、通風等適当な温湿度調節の措置を講じなければならない」と規定されています（安衛則第606条）。

　　ここで、「暑熱の屋内作業場」とは湿球温が28℃以上の場合、「多湿の屋内作業場」とは相対湿度が85％以上の場合であることが

示されています（昭和 23 年 1 月 16 日付け基発第 83 号、昭和 33 年 2 月 13 日付け基発第 90 号）。

坑内の作業場は、「気温を 37℃以下としなければならない」と規定されています（安衛則第 611 条）。

② 空調がある事務室は、「気温が 18 ～ 28℃及び相対湿度が 40 ～ 70%になるように努めなければならない」と規定されています（事務所則第 5 条第 3 項）。なお、この規定は、中央管理方式以外の空調でも室内空気の汚染防止に留意すべきことが懸念されたため適用が広げられたものです（平成 16 年 6 月 21 日付け基発第 0621004 号）。

③ 事務室を冷房する場合は、「室の気温を外気温より著しく低くしてはならない」と規定されています（事務所則第 4 条第 2 項）。

④ 加熱した炉の修理は、「適当に冷却した後でなければ労働者をその内部に入らせてはならない」ことが規定されています（安衛則第 609 条（令和 5 年 4 月より、労働者以外も含め立入禁止。））。ここで、「適当に冷却した後」とは、黒球温を 55℃以下にすることであるとされています（昭和 23 年 1 月 16 日付け基発第 83 号、昭和 33 年 2 月 13 日付け基発第 90 号）。

⑤ 作業場の温熱条件は、単に一定値以下に管理するだけでなく、より快適な職場環境を形成し適切に維持するよう努力しなければならないこと（平成 4 年 7 月 1 日付け告示第 59 号）、作業場の設備対策や作業改善などにより熱中症の発生を予防するよう努力しなければならないことが示されています（令和 3 年 4 月 20 日付け基発 0420 第 3 号）。

⑥ 作業場の輻射熱の排出や遮断について、「屋内作業場に多量の熱を放散する溶融炉等があるときは、加熱された空気を直接屋外に排出し、又はその放射するふく射熱から労働者を保護する措置を講じなければならない」と規定しています（安衛則第 608 条）。

ここで「溶融炉等」には、耐火煉瓦の焼成工程（昭和 55 年 8

月 4 日付け基発第 407 号)、陶磁器製造業の焼成工程 (昭和 56 年
4 月 2 日付け基発第 197 号)、ガラス製品製造業の溶解工程と成
型工程 (昭和 56 年 12 月 22 日付け基発第 787 号) が含まれるこ
とが示されています。

4　作業管理

労働安全衛生法令は、作業の種類や作業環境測定の結果に基づいて、
作業の方法などを適切に管理しなければならないことについて、次の
とおり規定しています。

① 　作業場への立入禁止について、「多量の高熱物体」を取り扱う
場所および「著しく暑熱」な場所には、関係者以外の者が立ち入
ることを禁止し、かつ、その旨を見やすい箇所に表示しなければ
ならないことを規定しています (安衛則第 585 条)。

② 　「著しく暑熱」な作業場には、作業場外に休憩の設備を設けな
ければならないことを規定しています(安衛則第 614 条)。ここで、
「多量の高熱物体」とは溶融または灼熱している鉱物、煮沸され
ている液体等で 100℃ 以上のものであること、「著しく暑熱な場
所」とは乾球温が 40℃、湿球温が 32.5℃、黒球温が 50℃、また
は感覚温 32.5℃ 以上の場合であることが示されています (昭和
23 年 8 月 12 日付け基収第 1178 号)。

③ 　保護具について、「多量の高熱物体」を取り扱う作業および「著
しく暑熱」な場所における作業においては、各人専用の保護具 (安
衛則第 598 条) を人数分以上 (安衛則第 596 条) 備えなければな
らず (安衛則第 593 条)、労働者はこれを使用しなければならな
い (安衛則第 597 条) ことを規定しています。

④ 　多量の発汗を伴う作業場では塩および飲料水を用意しなければ
ならないことを規定しています (安衛則第 617 条)。

⑤ 　作業時間について、高熱物体を取り扱う場所や著しく暑熱な場所

における業務については、1日に2時間以上の残業は禁止されています（労働基準法施行規則（以下、労基則）第18条第1項第1号）。また、妊産婦（女性労働基準規則（以下、女性則）第2条第1項第19号および第20号）や18歳未満の者（年少者労働基準規則（以下、年少則）第8条第1項第36号）の就業は禁止されています。ここで、労基則が規定する業務の解釈通達には、「鉱物又は金属を精錬する平炉、転炉、電気炉、溶鉱炉等について、原料を装入し、鉱さい若しくは溶融金属を取り出し、又は炉の状況を監視する作業」など10作業が列挙されています（昭和43年7月24日付け基発第472号）。一方、年少則と女性則が規定する業務は、前出の昭和23年8月12日付け基収第1178号と全く同じ内容が示されています（昭和42年9月8日付け安発第23号）。

5　健康管理

　熱中症は、業務上疾病を示している労基則別表第1の2第2号8に掲げられています。熱中症の事例は数多く発生していますが、各事例において業務との因果関係は比較的明確で判断に疑義があるものは少ないことから認定基準等は示されていません。

　労働安全衛生法令は、前出の昭和23年8月12日付け基収第1178号が示す多量の高熱物体を取り扱う業務および著しく暑熱な場所における業務に常時従事する労働者を特定業務従事者として、定期健康診断と同じ検査項目について、配置替えの際、および6月以内ごとに1回健康診断を実施しなければならないことを規定しています（安衛則第45条）。

　事業者は、この健康診断の結果が有所見であった場合は、産業医等の医師の意見を聞き、それに基づいて就業上の措置を実施しなければなりません。ここで、有所見かどうかの判断の基準については、特に示されていませんので、健康診断を実施した医療機関における判断に

委ねられています。

　また、労働安全衛生法令は、事業者は、多量の発汗を伴う作業場では、塩および飲料水を備えなければならないことを規定しています（安衛則第 617 条）。備えられた塩および飲料水は、当然ながら、必要に応じて、摂取させることが期待されています。

6　労働衛生管理体制（総括管理）

　労働安全衛生法令は、前出の昭和 23 年 8 月 12 日付け基収第 1178 号が示す多量の高熱物体を取り扱う業務および著しく暑熱な場所における業務に常時従事する労働者数が 500 人以上の事業場においては、専属の産業医を選任しなければならないことを規定しています（安衛則第 13 条）。

　産業医の職務は、専属か、非専属かによって異なるものではありませんが、専属の産業医は、労働衛生に関する専門的な活動を推進することが期待されます。

7　労働衛生教育

　暑熱な職場や作業で就業する労働者に対しては、労働安全衛生法第 59 条が規定する雇入れ時教育や作業変更時の教育を行う必要があります。熱中症の予防に関する特別教育の規定はありません。

　なお、2021 年の通達「職場における熱中症予防基本対策要綱」は、熱中症の症状、予防方法、救急処置、事例を含めた熱中症予防対策について労働衛生教育を実施することを勧奨しています。

付録
熱中症予防に関する行政情報

　政府は、熱中症の予防を推進するための熱中症関係省庁連絡会議（消防庁、文部科学省、厚生労働省、気象庁、環境省）を設置して、熱中症関係省庁連絡会議運営要綱（令和元年 5 月 20 日付け、https://www.wbgt.env.go.jp/pdf/ic_rma/yoko.pdf）を作成し、毎年の熱中症に関する政府の取組（令和元年 5 月 20 日付け関係省庁取りまとめ、https://www.wbgt.env.go.jp/pdf/ic_rma/r01torikumi.pdf、概要図 https://www.wbgt.env.go.jp/pdf/ic_rma/r01torikumi_gaiyo.pdf）を総括しています。

　厚生労働省、環境省、消防庁は、熱中症の予防を促すさまざまな資料を作成して、ウェブページ上で公開しています。このうち、「環境省熱中症予防情報サイト」（https://www.wbgt.env.go.jp/）は、熱中症の予防に関する普及啓発のための資料として「熱中症環境保健マニュアル」のほか、ポスター、リーフレット、シンポジウムで使用されたスライドや展示物などを掲載しています（下記参照）。また、暑さ指数（WBGT：湿球黒球温度）の説明、各地点の予測値、実況値などを掲載しています。

○ 「環境省熱中症予防情報サイト」の掲載資料

・熱中症環境保健マニュアル、2022 年 3 月改訂版
　（https://www.wbgt.env.go.jp/heatillness_manual.php）
・夏季のイベントにおける熱中症対策ガイドライン、2020 年 3 月改訂版
　（https://www.wbgt.env.go.jp/heatillness_gline.php）

・熱中症 〜ご存じですか？予防・対処法〜リーフレット、2018 年 3 月作成

（https://www.wbgt.env.go.jp/pdf/heatillness_leaflet.pdf）

・高齢者のための熱中症対策リーフレット、2022 年 6 月改訂

（https://www.wbgt.env.go.jp/pdf/heatillness_leaflet_senior_2021.pdf）

・Summer in Japan is hot and humid!/ 日本の熱中症、リーフレット、2017 年 3 月作成

（https://www.wbgt.env.go.jp/pdf/heatillness_leaflet_english.pdf）

・熱中症ポストカード、2018 年 3 月作成

（https://www.wbgt.env.go.jp/pdf/heatillness_postcard_senior.pdf）

・熱中症予防カード、2018 年 3 月作成

（https://www.wbgt.env.go.jp/pdf/heatillness_card.pdf）

・熱中症予防強化月間ポスター、2019 年 5 月改訂版

（https://www.wbgt.env.go.jp/pdf/heatillness_poster.pdf）

・暑さ指数（WBGT）の説明

・暑さ指数の速報（各地点の 1 時間ごとの屋外の暑さ指数（WBGT）の実測値と推計値）

・暑さ指数の予報（今日、明日、明後日の屋外の暑さ指数の予測値）

・国立環境研究所 熱中症患者速報（（独）国立環境研究所のサイト）

○環境省の「ヒートアイランド対策ガイドライン」が示す対策技術例

　海風・山谷風の活用、河川からの風の活用、公園・緑地などの活用、街路樹の活用、駐車場の緑化、建物敷地の緑化、屋上緑化、壁面緑化、噴水・水景施設の活用、舗装の保水化と散水、建物被覆の親水化・保水化、打ち水の活用、ミストの活用、遮熱性舗装の活用、屋根

面の高反射化、地域冷暖房システムの活用、建物排熱の削減、自動車排熱の削減、情報提供による熱中症の予防対策

(https://www.env.go.jp/air/life/heat_island/guideline/h24.html)

○厚生労働省、消防庁、気象庁等の熱中症予防に関するウェブサイト

・職場における熱中症予防情報（厚生労働省）

(https://neccyusho.mhlw.go.jp/)

・熱中症情報（消防庁）

(https://www.fdma.go.jp/disaster/heatstroke/post3.html)

・熱中症から身を守るために（気象庁）

(https://www.jma.go.jp/jma/kishou/know/kurashi/netsu.html)

・熱中症予防のための啓発資料「熱中症を予防しよう　-知って防ごう熱中症-」（（独）日本スポーツ振興センター）

(https://www.jpnsport.go.jp/anzen/anzen_school/taisaku/nettyuusyo/tabid/114/Default.aspx)

・「健康のため水を飲もう」推進運動（厚生労働省）

(https://www.mhlw.go.jp/stf/seisakunitsuite/bunya/topics/bukyoku/kenkou/suido/nomou/index.html)

・熱中症予防声かけプロジェクト (https://www.hitosuzumi.jp/)

（主催：熱中症予防声かけプロジェクト実行委員会　事務局：（一社）日本エンパワーメントコンソーシアム）

おわりに

熱中症を防ぐための
16の提言

（1）いつもと違う言動は熱中症を疑う

　現代社会では、空調が整備されており、人は暑ければ自ら涼しい環境を求めるはずです。ところが、職場において不幸にも死亡災害に至る事例が後を絶ちません。体温が上昇しはじめて無理をしていると、そのうちに暑さの感覚がずれたり、意識がうすれたりして、自分の身体を守るための適切な判断や行動ができなくなります。すなわち、熱中症は、自分でも気づかないうちに進行してしまうことがあるので危険なのです。実際に発生した熱中症の労災事例でも、最初の症状は、いつもと違う言動だけであることがよくあります。暑熱作業において、様子がおかしいなと感じたら、熱中症かもしれないと考えてみることが求められます。

（2）初めての暑い日に注意する

　熱中症の発生は、作業初日に多いことは重要な事実です。また、熱中症の発生は、例年、梅雨入り前に始まり、梅雨明けや長期の休み明けに多発する傾向を認めます。人間が上手に発汗できるようになるには慣れが必要ですから、それまでの間に熱中症を起こしてしまわないように注意することが重要な対策なのです。

（3）暑さは WBGT（暑さ指数）で測る

　暑さには、気温、湿度、輻射熱、気流という 4 つの要素があります。これらをあわせた暑さの指標として WBGT が国際標準になっており、学会などでも WBGT による基準が設けられています。特に、WBGT の値が 28℃以上では厳重な警戒が必要とされています。

（4）アルコール利尿分の水分は補給する

　どのような種類のお酒であっても、アルコールは尿として水を出してしまう作用（利尿作用）があります。すなわち、汗で失った水分をビールなどで補給しようとする考え方は、誤りです。一旦、吸収した水分も、それ以上の水分がその後に尿で失われてしまいます。特に、職場から帰宅した後の飲酒で失った水分は、改めて補給する必要があります。また、管理者や監督者は、作業者の前日の飲酒や水分補給の状況を確認することが大切です。

（5）身体の表面で水分を蒸発させる

　水分 100cc が体表面で蒸発すれば、体重 70kg の人の体温を約 1℃下げる効果があります。人は、その水分を汗という形で体内から体表面に出すのが普通ですが、別に水を体表面に塗布したり、水をかぶっ

169

たりすることも有効と考えられます。ただし、湿度が高いときには、水分蒸発の効率が悪いことに注意が必要です。

（6）作業開始前から現場で水分と塩分を補給する

　人間は、水分や塩分が不足するとのどが渇いて、それらを補給します。しかし、実際には、水分も塩分もやや不足した状態で渇きがおさまってしまうのです。これを自発的脱水といいます。また、水分だけを補給すると、塩分濃度が低下して、これは熱けいれんを起こしやすい状態を招きます。このようなことから、作業を開始する前から水分と塩分を補っておくこと、作業中も定期的に水分と塩分を補うことが重要です。特に、休憩場所も遠く、周囲に冷蔵庫や水道がないような現場では、大きめのタンクにスポーツドリンクを入れて現場に用意しておき、誰でも自由に飲めるようにしておくことが勧められます。

（7）日よけを心がける

　屋外では直射日光による照射熱（輻射熱）を避ける対策が重要です。特に、屋外を歩くときは日陰を選ぶようにすると体温上昇を少しでも抑えることができます。また、屋内でも日光の差し込みを避けるために、すだれ、カーテン、ブラインドなどによる対策が必要です。その際、風をさえぎってしまわないように注意しましょう。

（8）空調（エアコン）を上手に利用する

　エアコンは、設定温度と室温が必ずしも一致しませんから、屋外で作業をしている人が休憩する部屋では、設定温度は28℃よりも低く調節するのが効果的でしょう。ただし、人間の皮膚が24℃よりも低い温度の空気に触れると、皮膚表面の血管が収縮して熱が放散できなくなり、かえって体温が上がってしまうことがありますので要注意です。室内の人数、身体活動強度、服装などに合わせて、上手に調節しましょう。

（9）始業前に出勤前の生活と体調を確認する

　熱中症は前日の飲酒や当日の欠食も発症する原因になります。毎日のフェイスチェックや声掛けを欠かさずに行い、管理監督者に気軽に申告したり相談できる雰囲気を作っておきましょう。

（10）体温計を用意する

　深部体温（核心温）が38℃以上の者は熱中症を疑う必要があります。しかし、体温は測る場所や体温計の使い方で異なる値を示すことがあります。特に、わきの下では0.5～1℃程度低めに出ることがあります。耳で測る体温計は、深部体温に近い体温を測ることができますが、体温を測るためには耳栓を入れる要領で耳を後にひっぱりながら外耳道に入れて測定しましょう。舌下温を測る場合は、直前に冷たい水などを飲んだり、鼻から冷気が入ったりすると下がりますので注意が必要です。これらのことに注意しつつ、職場にも清潔な体温計を用意しておき、いつでも測れるように準備しておきましょう。

（11）熱帯夜に注意する

　熱帯夜が多い年には、真夏日が多い年よりも熱中症が多く発生するという興味深い統計があります。このことは、1日の中で、体温を正常化することがいかに大切かを物語っていると考えられます。すなわち、働く人々にとっては、帰宅後に空調や扇風機を使って体温を低下させることが熱中症の予防には非常に重要なのです。

（12）熱上昇を利用して気流を整える

　蒸気などの熱気は上昇します。したがって、上方から排出すると効果的です。

（13）服装の通気性・透湿性を確保する

　服装も襟元を開放することで、体表面の熱気を出すことができます。吸汗・速乾素材や軽涼スーツを活用したクールビズを心がけることが効果的です。冷却用の保護具や保冷服も開発されているので、作業に合わせて活用を検討するとよいでしょう。

（14）交替制を導入し、効果的に休憩する

　どうしても暑さが避けられない現場では、作業者を交替させて、1人に対する1回の連続作業時間をなるべく短時間にするように工夫しましょう。また、休憩場所には冷房、除湿機、ドリンク類、冷蔵庫、長いす、トイレを用意して、効果的な休憩が取れるように配慮しましょう。

（15）暑さに弱い者を守る

　耐暑能（暑さに対し耐えられる能力）には個人差（皮下脂肪、年齢、成育環境、心肺機能、持病など）があります。また、脱水状態や塩分不足が疑われる者については、回復するまでの間、暑熱作業を控えさせることも検討するべきです。

（16）受診の際は誰か同行する

　熱中症が疑われる場合、無理に現場で対応せずに医療機関を受診させるべきです。また、症状が急変することもありますので、休憩中も誰かが見守っておくことが大切です。特に、体温が高く、汗をかかなくなっている者は命の危険（体温調節中枢が麻痺した状態である「熱射病」の危険）があります。救急車が到着するまでは、涼しい場所に移動し、やや足を上げた状態で安静とし、脳の循環を確保します。また、氷やアイスパックなどがあれば、頸やわきの下などの大血管部位に当てて冷やしましょう。そして、医療機関を受診する際は、経過が分かる者が同行して説明することが重要です。

《執筆者紹介》

堀江 正知（ほりえ　せいち）

昭和61年、産業医科大学医学部卒業。平成3年からカリフォルニア大学サンフランシスコ校レジデント。平成5年、カリフォルニア大学公衆衛生学大学院修士（MPH）。日本鋼管（現、JFEスチール）株式会社専属産業医、京浜保健センター長を経て、平成15年から産業医科大学産業生態科学研究所産業保健管理学研究室教授。

平成22年から平成28年まで同大学産業生態科学研究所所長、平成28年から令和4年まで同大学ストレス関連疾患予防センター長。令和2年から同大学副学長（併任）。

労働衛生コンサルタント（保健衛生）。博士（医学）。日本産業衛生学会専門医・指導医。

熱中症を防ごう─熱中症予防対策の基本─

平成 21 年 7 月 7 日	第 1 版第 1 刷発行	
平成 24 年 5 月 25 日	第 2 版第 1 刷発行	
平成 28 年 4 月 28 日	第 3 版第 1 刷発行	
令和 2 年 1 月 31 日	第 4 版第 1 刷発行	
令和 5 年 1 月 31 日	第 5 版第 1 刷発行	
令和 6 年 3 月 5 日	第 2 刷発行	

著　　　者　　堀江　正知
発　行　者　　平山　剛
発　行　所　　中央労働災害防止協会
　　　　　　　〒 108-0023
　　　　　　　東京都港区芝浦 3 丁目 17 番 12 号
　　　　　　　　　　　　　　　吾妻ビル 9 階
　　　　　　　電話 販売　03(3452)6401
　　　　　　　　　　編集　03(3452)6209
イ ラ ス ト　　寺平　京子
印刷・製本　　新日本印刷株式会社

落丁・乱丁本はお取り替えいたします　　　Ⓒ HORIE Seichi 2023
ISBN978-4-8059-2083-1 C3060
中災防ホームページ　https://www.jisha.or.jp/